天倫

教孩子閱讀父母身影

游乾桂──著

Part 1 傾聽，長者低頭訴說的智慧 014

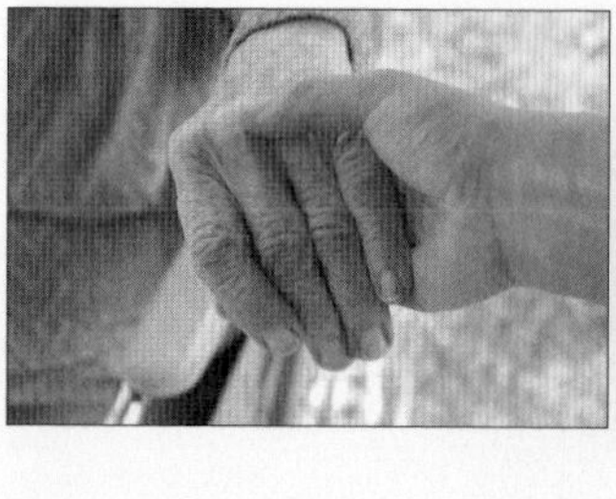

CONTENTS／目錄

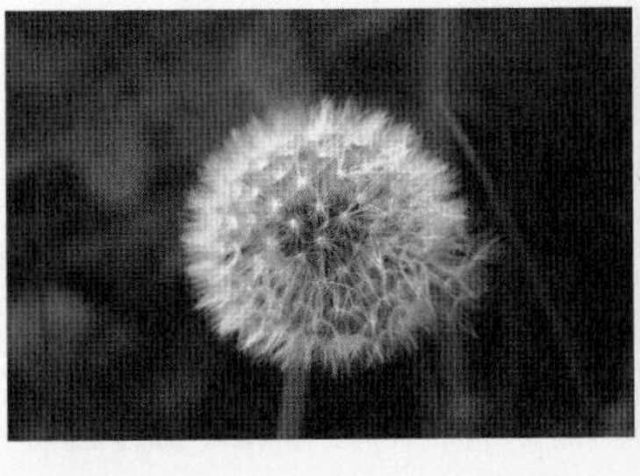

【作者序】

愛的銀行

閒行藍天碧水之間，讓心靈放空，是我忙碌一年之後最美的想望。快意背起行囊，與家人一起縱橫名山大川，目的是找回失去的活力，存一點親子情感，在潛意識裡添上一些記憶，這些是我標示的人生大事。

「孩子比工作重要，親情優於金錢」，這是我心中的一把尺，教育的界定，讀者以爲這些義理來自課堂上的修習，我的專業，其實非也，我懂，是因爲曾經錯過！

父親臨終前的一個多月，頻頻說出不祥之語，「快歸仙了」一詞如影隨形掛在嘴邊。

那是他的預言，卻是我的惆悵。

年近半百才生下我，我努力於功課，他忙於農事，我像兒子，他像父親，演得太像父子了，楚河漢界，涇渭分明，少了交集，及至我懂，已然太遲。

我準備圓夢，他已老矣，正欲奉養，他行近天堂，懂得如何與他溝通，他已悄聲說了一句：「不在」。

最後幾日，瘦骨嶙峋的他執意要到自己一手改建的廟宇做最後巡禮，我不忍拒絕，拭淚同行。

第一次緊握他的手，慢行臨溪步道，走向村子裡的精神殿堂——三山國王廟。

只是，那個第一次，竟也是最後一次。

這種痛，只有痛過的人才懂，我不希望兒女有同樣的遺憾，用盡心思在共有的記事本上塗抹亮麗的彩釉。

我是別人口中的親職教育專家，但一直沒有忘記我也是爸爸，學理是理性的，強調方法；人生是感性的，情牽一線的是愛與情感。有一天，臨老之前誰都會發現親子之間最美的回報不是有形的成就，而是無形的，用心的孝順、感恩、惦記、牽掛等等原料揉合而成的天倫之旅。

從事親職教育諮商多年，我一度犯錯，許求助者一帖妙方，忘了點燃引信的是反思過後的哲理，我也曾在成功的論述上執著，所幸頓悟得早，經過歲月淘洗，跳脱功利；催人老的光陰，有如魔鏡般，早早現出謎底，方才理得愛、心、情三寶的至關重要，一個從小缺愛、無心、沒有情感的人，成就當是一種虛假，或者傷人的憑藉。

讀者説，從我身上學到很多東西，事實上我從他們身上取得更多法寶，我的讀者們不吝惜的在「時報出版」替我設計的「游乾桂的桃花源」部落格上，向我吐露一些動人且值得反思的故事；而今我多了臉書，他們也提供一篇篇好文章的肌理，間接讓我反思，親與子之間最美的歷程爲何？

家是港灣、花園，一處安樂地帶，家人是靠山，相互取暖，彼此是心理醫生，失敗挫折時的解壓者，我重視家的溫馨遠遠大過財富，堅持家人優先，收入第二，入夜就息，假日留一天陪家人，彩繪記憶。兒子好動是我的球友，我們一起打球、溯溪、浮潛、泡湯、騎單車；女兒文靜是我的文友，我們醉在尼采、叔本華、張愛玲之間，我常戲稱太太是飯飯之交，一起喝咖啡聊是非，事實上太太是非典型電影評論家與文學賞析專家，即使未有頭銜，但她的看法絕對一流，一般人難比，再怎麼艱深難懂的電影，經她一提點立刻清明，我在文學獎評審舉棋難定之時，她適時提供見解，總有撥雲見日之功。

玩樂主義曾經引來非議，最常是路人甲，向媽媽告狀，說我一直寵溺孩子遊玩是不對的，將會荒於嬉；可是這些年，兒女漸漸大了，並未因而遊手好閒，反而情感從未消散，鄰家球友反而略帶羨慕告訴我，這樣的關係眞令人心酸啊。

心酸？

我懂其心意，那是一種羨慕的代名詞。

從事臨床心理醫療多年，出入我的診療室的人不計其數，見著的個案之中，令我最擔心與傷懷的便是情感稀釋，專業名詞爲「缺愛症候群」，個案以爲我是預言家或者擁有陰陽眼，否則怎可能輕而易舉窺視前因後果，預測出準確的親子剩餘指數？其實這非術數，而是專業，愛缺多少，家便是什麼樣貌，孩子也將成爲什麼樣的人了，缺愛的醫生怎可能成爲良醫華陀呢？少了關懷經驗的老師恐怕只剩責備苛求了？

狼爸虎媽一直有人就正反兩面討論，但都未洞中肯綮，其實最深沉的內裡不是成就，而是貼心與關懷，那是親子之間最值得尊重的一張拼圖；我當然明白，雷霆手段能取得一定成效，教出優秀傑出的孩子，只是厲害但不孝順的兒女眞是我們想要的嗎？

漢字有意思，優是人與憂的合字，表示優秀的人都會很憂愁，傑則是人與桀的合字，桀是夏朝暴君，隱喻傑出者很凶暴吧，棒是木與奉，拿著木頭伺候之意，暗藏棒下出狀元嗎？

這是胡說但有眞意，請勿讓張大春看見，否則他會大笑三天，咒罵我的「笑虧說文解字」，並且在臉書消遣我三天。

玩笑歸玩笑，但事例仍不勝枚舉，偶爾不小心便會聽見或者意外撞見一個棄養或者暴虐父母的新聞；寫這本書的同時，電視重複播送疑似女兒虐殺母親，並且把她棄

009

天倫

教孩子閱讀父母身影

屍大海的人倫慘劇，如果眞是，情何以堪？

我心揪著，心想：天倫啊，到底淪落何方？

孝道、報恩等反哺故事本不必講，那是天性，只是科技文明的洗禮之後，人向功利靠攏，天倫盡失，便非講不可了。

旅行成了我另一處汲取養分的地帶，尋找海納百川的方略，很多不期而遇的邂逅跟著溜進心靈，像山寺的撞鐘一樣扣擊內心深處，澎湃洶湧，這個反省更大，因爲眼前是活生生的例子，撩撥最深。

每年或者每幾年我們一家人都會選一個地方旅行，越南下龍灣是其中之一。同行者有一對父子，黏稠如膠，行程中經常交頭接耳，低聲暢笑，偶爾十指緊扣，狀極親暱，迷人極了，我跟著偷偷欣賞這一頁風情。

「我們每年出遊一次！」

爸爸一臉自豪。

「我們志同道合！」

兒子用這話解釋出遊的理由。

不止如是呀，至少我看得出這種情深意濃本身就是鮮明的烙印。

「父母對孩子的好，他們會記一輩子的。」

爸爸幽微吐露的這段話正是我心中盤旋著陸的答案。

「放下一些才可以得到一些！」

這位父親把親子關係形容成一間銀行，存了什麼，才會得了什麼，我理解了，親子關係與工作忙碌是一個圓盤，多數人工作大過家人，但他覺得家人大於工作，這是價值觀問題。我早發現，並且寫成《這一站，樂活》一書（時報出版），詳解工作與人的關係，金錢的意義，美好與休閒人生等等，非常值得一讀，也許可以從另一個角度幫助人重拾親情。

緣分是單行道，由深至淺，終至淡然。

即使不以爲然，也得釋然。

近些年兒子常會頑皮調侃：「你很黏我哦？」

不黏怎麼成？事實上我們的確已到親暱的尾聲，蔚藍的天空正等著他展翅翱翔咧，不捨但卻不得不捨。

我用力想方設法讓緣分成爲一場「延長賽」，力邀兒女同行，多溯幾回溪，再鬥幾次牛，星空下一塊獨白。

我邀兒子一起騎著單車挑戰貓空山徑，從動物園旁的小徑，坡度約莫三十度賣力爬升，我放了誘餌，滇味廚房香氣溢流的過橋米線在山下飄香。

兒子應該無法完全心領神會這趟旅程的意義，但我卻深深動容，載在記事本上，我頻頻側頭凝望，心想這麼大的孩子還樂於與我同行的確該謝，因而添得一筆記憶。

在山中，我們揮汗單騎，適時停下，喝水聊天，微風拂面，倒很愜意。

他酷酷的豎起大拇指：「值得！」

說我嗎？或者旅程？不管了，值得就好。

長年投資親情這件事我未預期有多大的回報，但是一旦超乎預期，連本帶利奉還，往往落得感激涕零。

父親節，我的用心，著實獲得了兒女的以心之名回應。

我們選在風景優美，山色青綠，帶著草香的坪林茶葉博物館用餐，孩子悄悄遞上了神祕禮物，哄我親手拆開一個包裝精美，藏有綠悠悠小瓶的藍色盒子，露出沾水筆墨水。

他們知道我收藏這類小東西，偶爾會用沾水筆畫押，從未想過兒女會心細的用它當成禮物送我，價格不算貴，但揉搓著心與情，感動很難言語。

養兒育女的辛苦，此刻冰融慢慢化開，用心多年，終於確認他們收到我的寸寸心意，並且私屬典藏，設想一個美好的機緣返還。

這一回，我反常沒有掉淚，改用洋溢的歡喜說：「值得呀。」

《天倫——教孩子閱讀父母身影》這本書裡的文章，便是用如此感性且帶點酸味的筆調串成，閱讀時勿忘準備衛生紙，以備不時之需；拭乾淚後，請用自己的魔法設定一則美好的、浪漫的方程式，讓親子之間不再老是徘徊在功利的十字路上，希望還能多一點幽微且曼妙有情的故事，有一天說給兒孫聆聽，這樣的人生才是合格，方可不虛此行。

我偷偷在書中暗放「早知道」的處方箋，請用三分愛做底，二分心煎熬，得到五分情，然後靈台清明，基因甦醒，親情十分圓滿。

游乾桂寫於　閒閒居

Part 1

傾聽，長者低頭訴說的智慧

身教是最好的方法，我的某些特質確實不是來自學校教育，而是父親從言談舉止中轉印的。

這粒種籽悄悄種下，也許連父親自己也不知道。

我算幸福者，得以在人生之中多了些因緣，遇上一些擦身而過、引人入勝故事，進而醍醐灌頂，添得領悟。

講師的最大意義在於，可以有如孔子周遊列城，巧遇藏於市井的智者，給我不同層次的開示。

馬來西亞的怡保是一座美麗有味的城市，上百年的建築處處皆是，有英式、法式，滲雜南洋風更見韻味，不少電影人便看中怡保這分懷舊南洋風味，電影《色．戒》、《父子》及《國王與我》，均在當地取景；其中最美的建築當屬有著「怡保泰姬陵」之稱的怡保火車站，它見證怡保的歲月變遷，已有一百多年歷史，揉合摩爾式及維多利亞式建築風格，其雪白宏偉的外觀，無論遠近同樣懾人。

演講結束後的隔日清晨，主辦者領著我巡訪古蹟，並且邀了一些夥伴共進早餐，其中不乏經營有成的董事長，聊到用人之處，他們印證了我前一日升壇開講的說法。

每一回公司應徵新人，很多都帶來一箱寶物，裝著證書、證照，並且提出薪資期望，他們常會隨口一問，憑什麼？應徵者從箱子裡取出寶物，指指證照說：「這就是憑據！」

是的，一個人在短短數年就擁有這麼多的證照確實傲人，董事長指著證照說：

「這些在我眼中只是一堆紙，你可以用半年證明自己有用嗎？」

某間國際學校，擁有一應俱全的科技化教學設備，優秀的外籍教師，還推出一系列自豪的政策，其中一項是：學生只需念書，飯後不用洗碗，全部由清潔工代勞，這樣方可專心一意，擁有更好的學習成績。聽起來，很不安吧！

董事長們最憂心之處是遇上缺乏工作態度者，桀驁不馴的傑出者，其實遠不如實事求是者，同理心、肯學習、成功不必在我、樂於與人分享成果等等軟實力，反而更誘人。

學者提出警告，如果教育再不改弦易張從德育出發，讓私心很重的人，有朝一日成了國家領導者，才是大不幸，即使只培養出會讀書的庸才掌舵國家，也很淒慘吧！

身教是最好的方法，我的某些特質確實不是來自學校教育，而是父親從言談舉止中轉印。

父親的善行，在我拼拼湊湊他隨口說說的爺爺行誼，可以確定他的特質大致上來自他的父親。

市場裡有人叫賣活捉來的竹雞，爺爺會用盡盤纏買下，問明棲息地，踩踏單車風塵僕僕送牠返回故里，他覺得鳥兒如人，一定會惦念孩子；這個動作，往往得花掉他

一大早販售農作物的大部分所得，他的作法也許不算聰明，但很有善心。

這粒種籽悄悄種下，也許連父親自己也不知道。

記憶裡的父親樂善好施，從何時開始，為何這般鮮明便不得而知。他占據寺廟捐款牆上永遠的第一名，不識字的他喜歡請師父開壇講經，出錢的也是他；人家的老婆跑了，他花錢坐夜車把人找了回來，還送對方紅包，鄰居偷挖別人家的竹筍，雙方鬧到我家請求仲裁，最後賠錢私了的還是他，在我心中他一直是謎樣的人，很多作為直至智慧開竅後才慢慢理解。

我家的雜貨鋪子，很長一段時間，有如村裡的提貨中心，什麼人都可以來取貨，帶著就走，口訣是：「記帳，下次一起還！」

只是下次的通關密語卻又改成下下次再還，一年成了不能說的約定，錢在農曆年前收得回來的，爸爸會說那是我們的；萬一收不回來，他則改口，說那不是我們的，年紀小，常被他搞糊塗。

演講持家已有一段時日，按理說，講師費對我而言，至關重要，但請我開講，有錢未必成行，有時必須有心；周末假日是我的固定工作日，有時會有四場演講的邀約讓我選擇：兩萬元、一萬五、一萬二與八千元，我幾經思考選了八千元，朋友皆說我瘋了，分不清金額數字大小？

非也，只因我更明白價格與價值之間的區辨，我的的確確只是一位尋常的凡夫俗子，常做出一種以價格高低決定去向的決定，每年二、三十場無酬的演講，只能尷尬回絕，沒有飯吃幫不了人的，要有飯吃才有力量，方有可能成為布施者，偶爾暢快當個決定價值的人。

這個社會不止需要知識分子，更需要拾荒興隆的貫英爺爺、賣菜助人的樹菊奶奶、義診的醫生、善心的護士、讓人吃進口中都是好食物的果農，錢很重要，但不義之財並非真正的錢。

講師分成兩種，我算第二類，堅持帶心。沒有講義，不必任何道具，不要投影片，不用PPT檔，因為我是去演講的，不是放映師；我相信人的緣分未必濃稠，也許千年一會，一個轉身，二小時，就緣盡情散灰飛煙滅，因為相信如是，便很在意這二小時可以給人什麼。

擅長說故事，也很愛寫故事的我，常因而引發共鳴，學校老師把我的文章影印給孩子們閱讀，購買九歌出版的《天使補習班》與時報出版的《深情——教出懂愛、用心、有情的陽光孩子》當成班書，那種喜悅讓我久久不散。是啊，看來善的轉輪已經開始轉動。

寫作的發想早與過往不同，出版、銷量、宣傳，不再掛記於心，更在意書中是否藏有乾坤，對人可有影響，能給人什麼助益，質的提升，反而添得更多忠心讀者，偶見有人從我的書中得到啟思，進而改變向來依歸的生活方式，有了全新的生活形式，我便開心不已。

我因而想起兩個對應：利己還是利人？

記憶中有一回我受《講義雜誌》之邀評審「POWER教師獎」，其中一位得獎老師，我與柴松林教授印象深刻，他自謙不太會教知識，但教愛心，他覺得有愛可廣澤眾人，他反問：「一流的、抑或有用的孩子好？」我當時莞爾卻無語，這話悄悄躲進我的潛意識中，深埋起來，現在開始發酵。

社會是由一群人組合，不是一個人；它是一首交響樂，有人奏黑管，有人彈鋼琴，有人拉小提琴，吹小號，方可弦樂飄飄，形塑美麗樂章。

利己者也許很富有，很有成就，知名度極高，但卻對社會無益；但利人者，也許只是一個不起眼的小人物，做了一些可有可無的小事，不算有錢，但有他的存在，社會卻有了光芒。如果可以選擇，教育當要教出澤被大眾的益人者。

利人的好處便在此，錢不止是錢，同時添得了魔法，讓它有了更深層的作用，我絕非有錢人，但錢在我的身上有了更多具象的意義。

我清楚知道自己只是擁有一粒小小種籽，藏在錦盒裡，將帶它行走天涯四處撒播。

最後的旅程

他第一次強烈感覺到父親像個哲學家持戒開示：
「別太忙了，忙到忘記家人。」
這是他長大成人有了自己的天地，成了名醫以來，
第一次如此近距離陪伴父親，但怕是最後一次。

身為醫生的他不難辨明，父親病入膏肓的癥候，與同事密室會診，確認生命只剩三個月至半年；禁不住潸潸淚落，驀地驚覺，為了當一位別人口中稱職的好醫生，竟忘了身旁最親的家人，因而與父親錯過多情有味的交會，醫生有悔，斷然做出決定，留職停薪半年陪伴他最後一程。

「我好想你！」

醫生忙了一天開啟家門與父親照面的剎那，經常聽見的一句話，彷彿理所當然，他以為那是父親隨意脫口的隻字片語，完全未想及那可能是預感，最後的遺言。

他是好醫生卻非好兒子，常常忙到連一句話都與父親說不上。

「我想過父親嗎？」這句反問深深刺痛自己。

父子取得默契，決定放棄苟延殘喘、痛苦難受的療程，倆人一起重新觀照生命。父親喜歡海釣，他們的第一站就是開車沿著海岸線四處看海垂釣，漁獲請民宿主人烹煮，星光下聊天談心，想用最好的方式彌補失落的光陰，醫生理解這趟最後的旅程藏滿了人生哲思。

他第一次強烈感覺到父親像個哲學家持戒開示：「別太忙了，忙到忘記家人。」這是他長大成人有了自己的天地，成了名醫以來，第一次如此近距離陪伴父親，但怕是最後一次。

植被翠綠的山巒是父親的另一處道場，但他從來不知，踏著晨曦出門，踩著霞光賦歸的父親，登臨的只是咫尺之遙的郊山，離家幾里而已。這一天，由他伴著，父親堅持登上頂峰，佇立海拔五七三的標誌旁，放眼鳥瞰，遠山近巒、平原河川，盡收眼底，父親在高點上，頭部仰成一個三十度角，雙手平舉，稍稍抖動，發出如鷹的嗥鳴。

「高度就是視野！」

父親近似喃喃自語的話語輕輕碰撞他的心靈。

醫生心想，自己的高度在哪裡？

有錢算高度嗎？

有一回，父親把他叫進書房，從抽屜裡很慎重的取出一只手錶，泛黃的顏色，鎏金剝落，顯示它有了年代。

「這是你爺爺給我的成年禮，我一直收著。」

醫生的臉頃刻漲紅，他的父親也給過成年禮，但早被無情扔了。

「這叫念舊。」

父親的確念舊，紅塵流連的最後一段時日仍要求回鄉下度過美好時光，想用最後歲月巡禮自己的成長軌跡，他的童年，一段青澀卻有意義的歲月，父親想去哪裡就載他去哪裡，過程有如拼圖，眼前這位熟悉卻陌生的父親，最終有了清晰的圖象。

很快的，半年的大限到了，硬朗的父親彷彿一顆洩了氣的皮球，頃刻消瘦，精神不濟，體力不支，敵不過病魔召喚撒手人寰，臨終前的那幾天，彌留之際，父親常會迴光反照似的，似夢如醒，堅定告訴他這是人生最快意的半年。

是嗎？

但為什麼只有半年！
醫生揪心抽痛。
這個意外人生，使他確實有所開悟：
明白什麼重要。
什麼不重要了。
只是這樣的明白不如不明白呀。

有感 無父何怙？無母何恃？出則銜恤，入則靡至。——《詩經．小雅．蓼莪》

偶遇的哲思

「無可談判！」老人家用著廣東話，帶著尾音，聽來更顯淒愴，語意多層吧。

他想說，人生無可談判，老了就是老了……

耀眼的陽光從黯淡的黑灑落，大地因而靈醒，用餐的人魚貫現蹤，把怡保的茶樓擠得水洩不通，一位難求。

味蕾慢慢被挑逗開，我們在吞嚥之間，一再分泌甦醒、幽微敏銳的唾液，但卻無計可施，只能尷尬呆立一旁，等待一張可以容得下三人的小桌子；終於有人飽餐一頓，擦拭滿嘴油光，準備起身離座。我二話不說，一個箭步向前搶當桌霸，準備迎接一次美好有味的港式早餐，這類點心餐飲我吃過多回，但多是午餐，第一次在帶藍的晨光中豐盛用食，原來茶樓不只是吃，還有閒情。

老人家緩慢來回穿行，老闆領他依了過來，問我們可否併桌？共食無妨，於是他選靠牆的一角坐下。

喘息三分鐘，起身走到櫃檯點茶、點菜，孤身一人的老者，想必是住在茶樓附近的常客吧。

老人家的手有些失衡，危顫顫為自己倒了一杯茶水，喝上一口潤喉，舉筷夾菜，低著頭咀嚼，很快的，盤盡、菜空，老人家或想起身走動困難，猶豫了，朋友看出矛盾，問他是否需要幫忙？

老人家客氣還了一句：「還好！」

我們因而聊著，老人家許是很久沒人與之開懷暢言，起了個頭，竟如大江大海，淘淘不盡，他未料到我們愛聽、願意聽；老人家其實比預期更老，近九十了，但滿臉紅光看不出來實際歲數，他也不住附近，離茶樓有一段距離，搭上計程車前來用餐，經濟能力不錯，但略顯孤獨。

孩子呢？

老人家幽幽講述關於兒子的事，說它就像一匹碎花布，鋪展開來，綿延數里，長到一夜講不盡，說畢，笑了，卻輕嘆一口氣：「與老人同住是笨蛋！」這話最後被我解得一語雙關，因為聰明的兒子全搬離，在迷人的大城市吉隆坡賺大錢，留了下來的是因為車禍傷及腦子，有點痴呆、不事生產的小兒子，語意中有點酸，帶刺啊。

遠方三個忙碌的兒子都小有成就，老人家還是與有榮焉，帶有虛榮感、頗欣慰，但不知是虛？或者實？

「無可談判！」

老人家用著廣東話，帶著尾音，聽來更顯淒愴，語意多層吧，他想說，人生無可談判，老了就是老了，誰能跟閻王老爺談判？生死簿中早有你我，閻王要人三更死，絕不留人到五更。

無可談判應該另有一解，人生的決定權早歸兒子，很多事兒子說了算，他講的全不算。

老婆是他的避風港，取暖之所，只是四年前仙逝，這麼一來，連心裡的話都沒有出口，剩下的便是茶樓中熙熙攘攘、擦身而過的旅人，如我們。

無可談判最後一解當是，認分吧。

無論怎麼聽怎麼解，這話都像無奈呀。

老人家最後悻悻然的說了一句：「就這樣吧」，酸味四溢嗆到了我，心中一陣激盪抽痛。

用膳結束，不得不趕赴下一站，老人家露出一臉不捨，其實我們何嘗不是，如果可以留下，我們樂意陪老人家散步在餘暉；只是不捨卻不得不捨，只好欠身告辭，老人家彷彿不依，緊緊握住每一個人的手，我感受到其中沉沉的重量。

此去一別，我是知道的，與老人家今生的緣分必是盡了，再見很難。

話別後，我忍不住頻頻回首。

有感 豈無父母在高堂，亦有親情滿故鄉。——白居易《井底引銀瓶》

周五的約會

他決定扮成偵探，考掘媽媽藏著的鮮為他知的祕密。
因而開始一段抽絲剝繭的查訪，
媽媽過往的軌跡，一點一滴被攞回記憶庫中。
在她逝世後的第十個年頭，
終於可以無愧的與人談起自己的媽媽。

耿耿於懷的心情一直揮之不去，後悔媽媽往生後，才慢慢拼貼出一張屬於她的具體形貌，的確遲了一些，而且染了鎮江醋的酸味。

媽媽很會唱歌！

這還是第一次聽說，自從有記憶以來，媽媽就冷若冰霜，幾乎很少帶笑開口說話，即使說了也欲言又止。

「吃飽了嗎？」

「快去洗澡！」

「去寫功課！」

「爸爸快回來了。」

「替我照顧一下妹妹。」

從她口中吐出的話以功能性居多，很少摻雜個人情感，冷冷的，連嘴角都沒有抽動；他一度懷疑自己可能不是媽媽親生的，也許是撿來的，或者領養的，他喬裝過偵探，追查自己的身世。

根據目擊者形容，家中辦過宴席，請過賓客，發過油飯，等等事證證實自己應該是媽媽親生的無誤。

林大嬸形容媽媽的歌聲不止迷人，而且好得出奇，像新鶯出谷，清亮鳴唱，動人肺腑，以前在歌廳駐唱，很多粉絲，受歡迎的程度不遜當紅歌星，他這才憶得一些殘缺片段，好像有這麼一回事。

拜訪林大嬸成了他周五下班後的一種習慣，有如祕密約會，那一天，會有一些與媽媽熟識的友人，透過瑣碎小事，讓他繪出輪廓。

他終於想起來，年節她在爐灶前起火，確實哼過一些小曲，節奏明快，旋律優美，滿動人的。

嫁給父親之後，聲音一年比一年小，幾近喑啞。

「大家都以為你媽會出唱片！很多人等著要買。」

林大嬸的話讓他苦笑以對，這些事現在看來，早無意義。

但卻因而引起他的興致，開始花更多心思追憶媽媽的逝水年華，從一些人、一些事之中，慢慢還原當年鮮明的影像。

在追憶的過程中意外得知，媽媽嗜吃柑橘，他有些自責，如此簡單的事，何以這麼晚才知道。

媽媽是勤奮持家的完美女性。

「你們家的果園與田地真大，你沒出生前，你媽一個人要做很多事。」這也是街坊告訴他的。

她畫了一個很大的圈圈比方：「即使你出生後，田地賣了，還是有一整座山的橘子園，真夠她忙的，有時我便替她帶帶你，最大的禮物是送我一籃橘子，你媽很喜歡吃橘子！」

「有買柑橘嗎？」

這句話立即使他墜入記憶中，的確，媽媽年老時與他同住一陣子，他一買水果，老人家總會問上這句話，而他自己卻漫不經心，沒當成一回事，往往用自己的喜好購買，西瓜是首選，其次是鳳梨，再來是龍眼，沒有一樣是媽媽愛吃的，她經常看一眼，嘆了一口氣，轉頭進了房間。

柑橘原來是媽媽的記憶，收成時，用它換取一家大小糊口的錢，滋味複雜吧。

媽媽不喜歡給人添麻煩，有苦直往肚裡吞，因而像憂鬱症患者，成天悶悶不樂。

媽媽很活潑！

這件事他敢發誓絕非事實，自從他有記憶以來，媽媽就非常文靜，足不出戶，很少與鄰居來往；但事實是，媽媽曾經是如假包換、千真萬確的靈動之人，只因爸爸收入不多，加上經商失敗，欠了一堆錢，跑路了，一貧如洗的經濟，讓她永遠眉頭深鎖，自他懂事以來，她就是一副苦樣子。

他決定扮成偵探，考掘媽媽藏著的、鮮為他知的祕密，因而開始一段抽絲剝繭的查訪，媽媽過往的軌跡，一點一滴被擺回記憶庫中，在她逝世後的第十個年頭，終於可以無愧的與人談起自己的媽媽。

十年，會不會久了一點？

如果往前一個十年……

人生是否可以無悔，因而添得不同況味？

有感 爰有寒泉，在浚之下。有子七人，母氏勞苦。——《詩經．邶風．凱風》

想念

原來父親嗜吃魚頭，根本不是真的，
他只想把好吃有肉的魚身留給子女，
當我做了父親，才明白那是愛，
老了讓我全知道，哎，早知道多好，
可惜人生最最難買的就是早知道。

刺眼的陽光從落地窗篩進屋，飾著青綠，飄著茉莉花香，我一襲寬大輕裝，斜躺在沙發，翻閱剛買的小說，讀到蕩氣迴腸，電鈴聲狂響，一位久違的朋友突來造訪。

我記得很清楚，當天他穿著一件蓬鬆鬆的灰襯衫，鬍鬚未刮乾淨，鬍渣留了一小截，剛剛冒出頭來，頭髮微捲，雙眼浮腫，看來一夜未有好眠；甫坐定，淚已悄悄從瞇著的眼滂沱滑落，溢出眼眶，垂下雙頰，衛生紙硬生生用掉一疊，依舊止不住心中的傷懷，我一邊安慰，一邊聽他泣訴從前。

陽光烈得很不真實，從窗縫處篩入，正巧落在我倆身上，被烤曝得渾身不自在，我起身將簾子拉上，進了廚房泡上一壺剛剛購自新竹的東方美人茶，濃郁有味，友人愛極了，稍稍淡化憂傷，他哭裡帶笑，頻頻說讚。

之後，空氣再度凝結，他若有所思，不發一語，一口接一口啜飲著茶，我陪他坐，時間在等待中靜靜流逝。

「最近常去看媽媽。」

咄！這很弔詭，如果沒有記錯，他的媽媽兩年前已作古，不可能傾聽他的心事。他猜出我的疑惑，告知心事告解處是墓前，向媽媽講述藏著的千絲萬縷，他嘴角囁嚅，溜出一些不太清晰的話，彷彿余光中的詩；他想我，我忘了想他，我想他，他再也無法想我了，我聽得感動，以至於心跟著一起緩緩抽動。

是的，心情真像余光中，他的詩膾炙人口，我本本喜歡，有如收藏家在書架展開來，且能如數家珍吟誦，尤愛《鄉愁》，每每行走野徑，獨坐幽篁裡，經常不由自主的想起它：

小時候，

鄉愁是一枚小小的郵票，

我在這頭，

母親在那頭。

……

後來啊，

鄉愁是一方矮矮的墳墓，

我在外頭，

母親在裡頭。

……

心一揪，眼淚便盈出眼眶，迷散開來，朋友確實是這種心境，怨嘆未在母親最需要的時候懂得，子欲養卻親不在。

媽媽需要他時，他正忙碌，一堆藉口、很多怨言；需要有人扶持時，他放手讓瑪麗亞協助，她的大小便失禁，房間有異味，他只顧著一味嫌棄，這是友人未能原諒自己的遺憾。

媽媽呢？曾經歡喜把飯菜咀嚼成泥狀，小心翼翼放進孩子口中，而當她老到無法自己，牙齒鬆動時，他何以不能如法炮製，替她準備合宜的餐點，涕泗便更加縱橫。

媽媽無悔的更換紙尿布，有一天，她需要時，他卻躲得遠遠的。最後輕嘆一聲，

淚眼幾乎潰堤。

我犯過同樣的錯，而且很慚愧，最多十年前才慢慢知道什麼是設身處地，更早些年，媽媽說：「你幫我想想，我剛剛想了什麼？」

嘿，神經啊！腦袋裡的東西，我哪知道。這其實是求助訊號，年輕與年老的交會點。

媽媽的女紅做得好，老家一台老式有韻味的縫紉機歸她所有，小時候我身上所穿的衣服八成是由她手縫，原來我的一雙巧手遺傳自她，當老花悄悄襲來後，她坐在機上踩踏的聲音便少了。

「幫我穿針引線？」

年少的我依舊愛理不理，哪知老花會讓小事常常變成大事，容易化約成了難事，可能慢慢變成不能，而今扛起重物不再隨心所欲，務必先默數一、二、三，慢條斯理搬動，沒事，再口誦阿彌陀佛道恩。

腳也不聽使喚，蹲下、爬起有如酷刑，腰痠背痛，頭昏腦脹繼之而來。

終於明白啊：媽媽「吱吱吱」的叫聲，應該是關節磨損的痛楚聲，「咯咯咯」可能不是笑聲，而是腰在疼，「呼呼呼」則可能是胸悶，「啊啊啊」不用分說風溼症又犯了；長期農作浸泡在水中的她，原來病已經這麼嚴重了，應該痛得難忍。

原來父親嗜吃魚頭，根本不是真的，他只想把好吃有肉的魚身留給子女，當我做了父親，才明白那是愛，我也像一條垃圾魚，好吃的留給子女，撿食剩下的飯菜。老了讓我全知道，哎，早知道多好，可惜人生最最難買的就是早知道。

那天如何善了友人別具特色的哭腔，早不復記憶，但這些深埋在潛意識，已經朦朧、有些糊了的往事，卻因為一個感傷者的來訪，像湧泉一樣奔騰，久久不散。

有感 卌載綈袍檢尚存，領襟雖破卻餘溫。重縫不忍輕移折，上有慈母舊線痕。

——周壽昌．《曬舊衣》

天堂車票

喪事在哀淒的鼓吹樂聲中結束，留下三歲的小芃。
孩子經常問起爸爸媽媽，親人緊抿雙唇不知如何啓齒。
老師解了這個難題，
他邀請小芃一起坐在幼稚園的老榕樹下談心，
聊到天堂是人生列車的終點站，上車的人都要買票。

老師思考極久終究狠下心，非常不捨的告訴小芃：「爸媽去天堂旅行了。」
小芃天真追問：「天堂多遠啊，我也想去！」
老師摸摸她的頭：「滿遠的哦，要很久很久才能抵達，不過你有車票嗎？」
「車票？」
「對啊，爸媽都有買車票！」
「我這麼小也要買嗎？」
「要！而且非常不容易買到，必須看資格，夠格的才會賣給你！」

「那我夠格嗎？」

「資格恐怕不符喲，天堂有規定，首先要花很多時間讀書，再找一分工作，很多年後才可能存下足夠的車票錢，而且還要碰碰運氣。」

小芃信以為真，收拾起想念父母的傷愁，告訴老師，她會更加努力。

這個笑中帶淚，染著淒涼的故事，得從半年前的一場車禍說起。

喜歡海的靜謐，他習慣在夏末初秋，欲冷還熱的假日，有點朦朧美的時刻，載著一家人邂逅東北角的蔚藍海洋，清晨微光中備齊行當，握緊方向盤，開上高速公路，由暖暖交流道接66聯外快速道，約莫一小時便可嗅聞到海的魚腥味。

歷史科系出身的林森立刻變身地質專家，所有海細胞悉數出籠，鮮活的解說金瓜石煉銅場前陰陽海的來龍去脈，太太最是捧場洗耳恭聽；車子再往前行到和美，那是一座天然化石場，不必深掘，滿眼盡是數百萬年的記憶圖騰，景色由此開始變化極大，巨岩插水盤坐，造型奇特，延展成一大片的海蝕平台，美不勝收。

小芃對爸爸口若懸河的講解興趣缺缺，下了車便逕自奔向大海，利用手中鏟子玩起沙雕遊戲，踩踏在淺灘上的小小足印生生滅滅，笑聲斷斷續續，通常是傍晚，餘暉沒入地平線，才心滿意足快意賦歸，結束浪漫的一天。

秋颱虎視眈眈在外圍徘徊，雨一陣陣狂落，來得迅猛，岩石濕滑，浪捲起半層樓高；眼見情況不對，這一天，決定比平常早一刻返家，卻因而遇上死劫，一輛逆向超速違規的大型砂石車，轉彎處越過雙黃線，拉出左傾的生死線，疾駛而來。林森根本反應不及，本能猛踩煞車，車道烙印出一條長長的天堂路。驚聲尖叫之中，猛烈對撞，小客車在空中翻轉數圈重重落地，滾落邊坡，在海岸邊的消波塊前停下來，夫妻血流如注，送醫不治，小女兒彈出車身落在草地上，幸運只受輕傷。

喪事在哀淒的鼓吹樂聲中結束，留下三歲的小芃。

孩子經常問起爸爸媽媽，親人緊抿雙唇不知如何啟齒？

老師解了這個難題，他邀請小芃一起坐在幼稚園的老榕樹下談心，聊到天堂是人生列車的終點站，上車的人都要買票，票價昂貴，而且是單程，有資格限制，需要證明，太年輕的通常不准購票。

老師說他自己也很想去天堂，而且一定會去，正在努力爭取。

他勉強擠出微笑，與小芃打勾勾：

「我們來比賽，看看誰先買到這張車票？」

老師別過頭去，臉頰沾滿淚珠。

有感 纔諭危亡書半幅，便思父母淚雙垂。——貫休．《賀鄭使君》

五塊錢

以前不想聽的，
如耳邊風的一些話，卻像自來水般，涓涓淌淌流出。
關於五塊錢的哲學，我可以體會大半了，
約莫可以理解父親用五塊錢闖蕩人生的辛苦。

關於五塊錢的故事，聽了不下一百遍，我有點膩，但父親依舊興味盎然，心血來潮便再講上長長的、帶著自我陶醉的一遍。

「別再說了！」

我心中犯著嘀咕，只是他老人家可是百說不厭，從不止息，台詞我全背得滾瓜爛熟；甚至某一段落會呼一口氣，有多重、氣有多長，接下來是什麼，那一段之後，會哼上幾段《陳三五娘》，我全清清楚楚，他唱一句，我跟著身段、唱一句，這下他可樂了，以為我喜歡，便更大聲。

「五塊錢有那麼神奇嗎？」

這個疑惑，我沒有放太久，就被童年玩伴間更好的遊戲給淹沒，它遠不及五個小孩聯袂偷溜到山中緩緩流下的河邊，二話不說，卸下外褲，爬上溪中岩石，一躍而下，潛入水中，閉氣一分鐘，浮了上來，再爬上巨石，轉體一周半，撲通入水，濺起大大的水花來得過癮。

爸爸的英雄事蹟，我並非興趣缺缺，但說上一百次總會膩的，更何況，一個小孩能體會多少大人的人生哲理。

也許歲月染過，時間修飾，年紀使人添得火候，有些觸動，以前不想聽的，如耳邊風的一些話，卻像自來水般，涓涓淌淌流出，關於五塊錢的哲學，我可以體會大半了，約莫可以理解父親用五塊錢闖蕩人生的辛苦。

講了一百遍的五塊錢的故事，竟如同滴水穿石，形塑成我的價值觀、態度與人生哲學，它有了價格與價值兩個部分，讓我看見五塊不止是五塊，它還有魔法，幻化出不同面貌。

這就是人生吧，得到某一種境界，才能理解見山是山，見水是水，見山還山，見水還水的禪意。

我只差不會唱《陳三五娘》而已，父親當年說的詞彙，我像一台自動拷貝的機器，複製給兒女聽。

「你見著的都是我賺的！」

多麼神氣且自傲的一句話，當年聽來卻尤其刺耳：「你賺就你賺的，有必要大聲嚷嚷嘛，有那麼神氣嗎？」

這些年來我竟不知不覺偷學起父親當年的吹噓口吻，只是換個詞兒，開始大聲嚷嚷：「瞧，這個漂亮的家、看見的所有行頭，全是我辛苦賺的！」

兒女反彈：「有那麼稀罕嗎？」

父親隱伏於心的傲骨，我第一次有所理解，當兒女用我曾經質疑父親的話來質疑我時，我完全可以理解他當年的心情；的確沒有什麼好炫耀的，但很重要，我有一些哲學想表達，可是兒女礙於年輕，於是不懂。

清風徐來的傍晚，我一個人上了頂樓，坐在花園，慢慢回味我與父親，一如白先勇書寫的《父親與民國》（時報出版）一樣，有著同等心境；我彷彿傳記作家，努力還原一些散佚的場景、一點畫面，我點點滴滴回想，他每每講起五塊錢的故事，臉都帶著一抹淺淺的笑，露出堅毅自傲的神情，遙望遠方，提起當年勇的片段，頭頂彷彿有光，有如釋迦牟尼佛，手勢明顯多了起來，一會兒拍桌，一會兒擊掌，彷彿英雄，老驥伏櫪，志在千里。

泡上一壺茶，我竟不由自主清唱幾句父親愛唱的《陳三五娘》，口白如縷白煙飄散出來，化成幾節對唱。

五塊錢真的不止五塊錢，而是他的一生，一種人生哲學的縮影，揉合勇氣、骨氣與志氣。

他從不靠別人，靠的是自己，於是他宛如一位帶劍俠客，帶著長劍，離鄉背井，決定外出闖蕩，五塊錢猶如賭盤，他用僅有的資金，拎著行囊，賭上一把，他堅信自己會是贏家。

「五塊錢能幹嘛？」

關於我的疑惑，大約是記憶昏瞶，他也答不上來。

我與他的人生差了四十七個年頭，關於他的五塊錢，我只能用聽與想像的，無從經歷，但隱約聽得出來，那是一段苦日子，十三歲的孩子，身上只有五塊錢，嘟囔著想去闖闖，無疑是風險，但他的傲骨戰勝一切。

「明日看我！」

這是我離開國立政治大學的校門之前，謝師宴上，無意識說出的，一句自我期待的話，而今想來，這話原來襲自父親，他用身體力行告訴我，他的人生一直在實踐一種叫「明日看我」的諾言，而我隱約受了影響。

「我會賺到我要的。」

他不是用「明日看我」期待自己，而是能賺著自己的一切，不必靠人，這就是志氣，也是他的人生哲學，五塊錢贏來的人生在他看來理應是珍貴的，而且深具意義，至少添了他奮鬥的軌跡，很有味道。

五塊錢的哲學在我身上起了作用，開始發酵，形塑我的哲學；午夜夢迴，回想人生數十寒暑，我覺得自己最慶幸之處便在於從未欠人錢，這麼說也許不夠周延，我該說，從未欠過自己還不了的錢，貸款不多，很快還畢，不再借錢。

這也是父親的人生允諾，他說：「欠錢要還，所以不欠。」

好簡單的哲學，卻有著很深沉的意義。

他明白每一分錢都是辛苦才得來，所以該花在刀口上，他待己很省，卻待人寬厚，以往我完全不理解他的邏輯，而今懂得一半；他一定相信，賺得到的是自己的，賺不到的是別人的，賺到死所得的錢是閻王的。他總是分得清楚，也就理得乾淨，所以過得美好。

歲月逝去，人生增長，我漸次明白五塊錢的意義，原來它不止是五塊錢，而是他的一生，性格、價值觀、努力與勇氣等等的寫照，它竟悄悄影響了我，成為我贏得快意人生的籌碼。

口袋裡有一天變身成五十萬元，他卻又不忘別人可能也只有五塊錢，而回頭幫助只有五塊的友人，這個他太神奇了，有了五塊錢的堅持，還有五十萬的慈悲，它是種籽，種下，萌芽。

「你們看見的，全是我賺的。」

這句話以後輪到兒子來說，現階段的他，依舊只會調皮的捏著我的臉：「一千遍了，別再玩了好嗎？」

有感 人生，內無賢父兄，外無嚴師友，而能有成者鮮矣。——《毛氏家規》

一頓飯的哲思

別人喜歡，他就來賣，
得到足夠過活的錢就行，不再一味賣命工作。
這是一則曼妙的哲學觀，
我能明白其中的義理。

入冬的某一天，本該是乾冷的季節，卻亂了套下起傾盆大雨，打在竹子上，簌簌作響，我與兩位年過半百的準老人，就相約在這間古色古香茶樓，喝茶聊是非。我早了一刻鐘抵達，點一壺清香宜人的龍井茶，望著雨滴如珠狂落的窗外，啪啪啪打在地上，濺了起來，發出巨大音律，人潮熙來攘往，不受影響，我悠閒不受時間逼迫的等待兩位故舊，一邊啜飲香氣逼人的茶，一面閱讀書報，有則新聞不由自主滑入眼簾，吸引我的目光，引動感觸。

高雄旗山有一間經營二十年的早餐店，為了讓附近孤苦無依的老人家「捨得吃」，推出七十歲以上老人及殘障人士半價、九十歲以上免費、婆媳同餐五折的優惠。

而自己也是老人的六十八歲老闆王明祥表示，起因只是「一個漢堡的故事」。一九九三年，一個漢堡要價九十二元，當年到台北旅行的四個老人為了嘗鮮，買了一個分著吃，對他說：「外國的麵包好貴，我做一天的工也只能買一個。」因為這句話，王明祥決定推出老人優惠方案，讓老人家捨得吃早餐。

當初的四位主角之一、而今已是高齡八十五歲的鄭老先生回憶當時情景，本想一人買一個，但看到價錢便打消念頭，因為當時的工資一天不到一百元。

愛心餐有人天天光顧，就像一家人。

王老闆小時家境不好，十三歲開始打零工，工作地點遠，又沒錢買腳踏車，有幸因工作認真受老闆賞識，每天騎機車接送。事隔數十年，他仍非常感激那位老闆，懷著感恩的心過生活，並把這個銘記肺腑的知遇恩，化約成回饋社會的另一股動能。

旗山是一座靠海小鎮，實缺留下年輕子弟的條件，很多中壯年都遠離故里，飛往他鄉打拚事業，村子裡剩下的全是獨居老人，或被子女帶回寄養的孫子，也或是沒有嫁娶之人；他因父母過世得早，常有「樹欲靜而風不止，子欲養而親不待」的感慨，寧願賠本做生意，自己打零工補貼，也要這些被遺忘於海濱小鎮的老人家，有頓豐盛的早餐。

王老闆只是拋磚引玉，讓社會看見溫情，充滿溫馨，有人起而效法。

曾是工程師的年輕人改行賣紅豆湯，生意意外興隆，口耳相傳的理由竟是他堅持古早味，用上山撿拾而來的相思樹枝慢火熬煮，客人聞香而至，爭相走告，讓這個費工的活兒有些應接不暇，但他仍堅持初心，用爺爺時代的方式製作紅豆湯，這一鍋，賣完收攤。

約莫同時，網路瘋傳的一位大陸東北油條哥的故事，媒體一度認定這是噱頭，但記者明察暗訪後發現，確實是真心誠意。

故事要從他的母親說起，因病回到仙界的她據說就是吃壞了，食是補，食也是毒，年輕人有了新見解，他的家一直以油條維生，也與他人一樣使用老

油，一鍋油用上數天；有一天他看見新聞上專家的說法，表示早有證據顯示回鍋油是致癌主因，他猛的想起母親，莫非這就是她撒手人寰的主因，從那之後，開始使用有良心的當日油，結果生意反而好，很多人千里迢迢跑來購買巷子口就能買到的尋常早餐，而且大排長龍，原來愛心是有利的，他便堅持這麼做。

「這是應該的，自己都吃不下去，不敢吃的東西，怎麼能賣？」

只是這個原本就是生意人該堅守的義理，非常平常的道，竟需繞了一圈方可得到？

這些本該具備的生意經竟成了特例！

這是諷刺？

或者我們的教育早失去某些初心？

那一頓飯，我起了個頭，一直繞著這些有意思的話題運轉，許是年歲到了，我們約略明白哪些重要，哪些不重要，這些義理多希望每個孩子都能早一點點知道。

有感 君子以行言，小人以舌言。——《孔子家語》

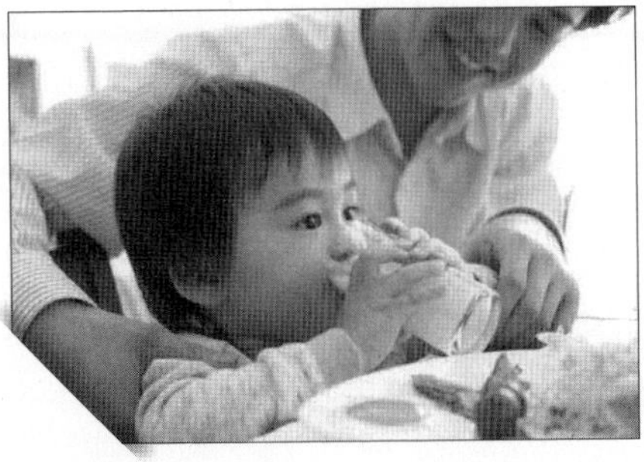

咫尺天涯

他們不是一對惡言相向的父子，但卻冷若冰霜，見面不如不見。
老人家原來也明白，
孩子如此冷不及防的態度，形塑者正是自己。
他承認自己以前就像判官，
生活中只有黑白是非，對與錯，罪與罰。

年邁的父親住在五樓公寓，有出息的教授兒子就住同一棟樓，上下大約二十幾級階梯的四樓，竟似天涯海角，有時得爬上一年半載方可抵達，應驗了咫尺天涯。

很忙是他的慣用語。

沒空是宣誓用的口號。

有事嗎？

則像一把刀，狠狠插進父親的胸膛！

彷彿預告這個孩子與他已經疏遠得像陌生人。

即使勉強見上一面，空氣也是冰凍似的，凝結，能說的話不多，經常各據沙發一角，面面相覷，直至深夜，孩子點點頭說了一句晚安，返回住處。

他們不是一對惡言相向的父子，但卻冷若冰霜，見面不如不見。

老人家是我買了單車後，開始我的人生新旅程，快意踩踏挑戰住家附近有名的景點貓空，騎得氣喘吁吁，在一間佛寺佇足休息時遇見的；他也是第一次挑戰這一條斜度三十，沿途上坡的費力路段，同樣與我一樣喘息如牛，攀談下才知老人家並未大我幾歲，只因心煩便顯得有些臭老。

我們並未特別約定，但卻常常不期而遇，因而結緣；偶便坐了下來品茗清談一番，共看華燈初上的台北夜景，閃爍的燈宛如墜入紅塵的星星，美極了，帶點咖啡色的浪漫，連我這個不常在夜裡行動的人，都不由自主愛上。

故事便從這個偶遇開始一點一滴滑出，原來夜不止勾魂，也能勾出藏於潛意識裡的記憶，以至於使得該是悠閒的、靜謐的、味道濃郁的氛圍，一下子變了調，摻雜著嗆鼻的腐敗氣流。

老人家原來也明白，孩子如此冷不及防的態度，形塑者正是自己。

「太像我了！」

他承認自己以前就像判官，生活中只有黑白是非，對與錯，罪與罰，腦袋裝滿成績分數，考不到九十分就是不及格，考不上國立大學就不必念了；後來變本加厲，連同清大、交大都不像學校，要求孩子非念台大不可，他形容這個觀念不知從何而來，大約只能用惡魔纏身來定義吧。

孩子求饒過，說自己快活不下去了，他的回答卻是：「沒死就是活著，真死了再說」，他問我講這種話是不是中邪。

是啊，只是我並未脫口而出罷了；兒子想學美術，父親逼他讀工科，重點就是前途，訓誡孩子，怎麼可以選一門毫無出息的路？他意有所指的說：「好科系帶你進天堂，爛科系讓你住牢房。」

風中微雨，他與我談到這一段已經有些雲淡風輕，很難想像事件發生的當下，他們各自是如何面對。

他當時忙，有如螻蟻、蜜蜂，孜孜於工作，忙於賺錢，忙於一切，而今想想，當年的理由都是假象，如同海市蜃樓的藉口；因為如是，孩子與他之間就像一場交易，他付了錢，孩子交出亮眼的成績，他滿足的繼續辛勤撈錢。

他語帶戲謔：「我是條件式教育的受害者，要求孩子做出什麼才能有什麼！現在得了報應：兒子心裡可能這樣想：『一百公尺能跑十一秒五，我就上樓看你一次，扶地挺身能做一百下，就陪你聊天一次，表現良好，集滿六張卡，上餐廳一回……』」

他望著夜空逕自說著，兀自大笑，是啊，連我這個聽眾都聽出酸味，滿可笑的；我從他的故事中慢慢理出一些頭緒，約略可以明白這是什麼樣的家庭，見面是壓力的開始，不見反而釋懷，惦記許是有的，但習慣置於心中，他們相互想念，只是心動，未必有所行動，即使行動，有時還不如不動。

山中閒行的他，看來釋懷多了，賣力踩踏，在山與山之間，編織出一張地圖，我不忍問及他與兒情感是否變好？

只是每每想起，他們在樓層與樓層之間，似近，猶遠；咫尺，有如天涯？心頭上仍會溢出一股說不出來的味道。

有感 孝順還生孝順子，忤逆還生忤逆兒。——《增廣賢文》

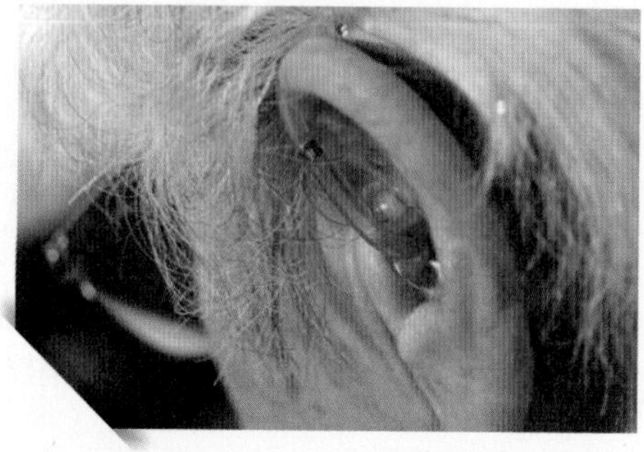

代悲白頭翁

我與母親是緣，
照護是天責，雖苦亦樂，從未想過她是我的負擔。
即使照料病老的她必須多出一筆有壓力的錢，
我也視之為還恩，不是償債。
這種心念轉換，有助於人的釋懷，
而支撐的力量，最值得的一項是愛。

我與老人家在呼嘯的風中見上一面，就未再謀面，但那一天積累的酸楚，徘徊至今，久久不散。

春寒依舊料峭，凍涼的溫度持續發威，夜涼如冰，令人難受，女兒有事晚了一點回來，我放心不下，獨自一個人散步出了社區，閒晃到前一站的公車站牌等待；不難留意到，一臉風霜、佝僂身軀的老婆婆，也在風中等車，我們一左一右分立兩端，我用餘光瞄了一下，年歲不小，獨自一人瑟縮身體，用力揉搓雙手取暖。

女兒遲遲未回，讓我有時間更細膩觀察阿婆，她穿著一條過時的七分花褲，剪著一頭俐落的短髮，許是為了整理方便吧，手上拎著一個大包包，我猜想搞不好是全部家當、細軟，鞋是麵包鞋，一把傘不離身，遮風擋雨順道當拐杖。

我湊近與她攀談，意外得知，阿婆的年齡比我想像得大，都逾八十了，剛從附近大醫院看完診，準備搭車返家；而她的家離公車站牌處，還有幾十公里，她不止一次，而且常常，生病就如此搭車往返，我腕上的手錶指著十點五分，估計至少四十分鐘至一個小時方可返抵家門，洗完澡，真正入睡，或許都半夜了。

有一小段時間，我的腦袋近乎放空，想著眼前老人家的心事。我估計她是強韌的，而且是不得不，因為沒有這根挺立的老骨幹，她可能撐不了、塌陷下來。

幾個問題我百思不解：

為何來到這麼遠的地方看病？

我馬上得到答案，老人原來住在附近，習慣在這家醫院看病，搬家是迫於無奈，原先所住的房子因為房價好，被兒女變賣，她被載往遠方繼續生活。

所得的錢呢？

三個兒女均分，她一毛錢也未得到，老大滯留美國，應該不可能奉養終老了，老二是教授，嘴巴最常說的是教書很忙，老三是上班族，對她最好，偶爾會回來探視，只是與她所住之處，相隔千里，有些遙不可及，阿婆因而學會自我照料。

阿婆說到這兒，輕嘆一口氣，眼眶立即盈滿淚水，從她的表情可以意會，她想說不談也罷，只是她還是說了。

「最好的未必是最好的！」

這句話似曾相識，酸味很濃，立刻瀰漫在四周，我也被沾染上，鼻頭跟著酸了，我不由自主這樣想，如果是我，會做何感想？

成就一事，在她的身上變得意義模糊，阿婆一定喜悅過，幾個孩子的成績從未使之操心，甚至成了親友們的指標人物，很多人以他們家優秀的孩子為榜樣；而他們事實上也有一點小成就，都是地方上有頭有臉的人，或賺錢不難的人。但卻為錢所困，更天天忙於找錢，以至忘了老媽媽已經垂垂老矣，根本無力自我照護，需要有人幫助，而阿婆比起別人更辛苦，連一個外傭也沒有。

兒子這樣說：「你比僕人還硬朗，要他們幹嘛？」

哎。

這是什麼話。

親情一事，在我心中，並非理性的，而是感性的，不是一字一句說得清楚，而是存乎一心。

我還相信緣分，與子女間有一條長線繫著，才會在這一世，芸芸眾生中挑了他們成為父子；所以，我不喜歡用教養一詞看待教育，當成圓緣，非常惜緣，以至於孩子愈來愈大，我傷愁的不是成就，而是有一天，這個緣滅了，他們會離開，也許就分隔兩地。因為如此，他們反而更顯貼心，懂得珍惜，樂於抽出更多的時間給我，一起閒行。

我與母親是緣，照護是天責，雖苦亦樂，從未想過她是我的負擔，即使照料病老的她必須多出一筆有壓力的錢，我也視之為還恩，不是償債，這種心念轉換，有助於人的釋懷，而支撐的力量，最值得的一項是愛。

清朝的陳宏謀在《五種遺規》中寫道：「富貴之家，愛子過甚，子所欲得，無不曲從，一切刑禍從此致矣。」

但是，當我想及同朝周希陶的「不求金玉重重貴，但願子孫個個賢」，再度不由自主百味雜陳。

有感 你希望子女怎樣對待你，你就怎樣對待你的父母。——伊索克拉底

堅毅的母親

提心吊膽擔心一夜，許是徹夜未眠，趕上早班車飛奔探視，
心是懸的，膽是顫的，怕的是會不會是最後一眼？
這一刻，我猜想她的心肝寶貝應該在加護病房與死神拔河，
或插滿管子搶救中，
婆婆許是心如刀割，卻又不知如何是好。

閉目養神的婆婆在我入座前一刻清醒，輕輕挪動身子，開口問我：「A嗎？」

我一時半刻意會不過來尷尬笑著，回了神才理解她問的是座位，回以一笑，答稱「B」，這段對話無厘頭，有些搞笑。

她木然抽動一下嘴角，遲滯幾秒，告訴我她是C但喜歡A座位，欣賞窗外風情，我輕輕嗯了一聲，放妥行李、坐下來。

我也依例在坐定後閉目養神，否則長達二小時口若懸河的開講，我可是受不了；我們各做各的沒有交集，車子準時緩緩出發，婆婆若有所思，倚窗望著飛逝的景物，

偶爾夾雜幾聲氣若游絲，不刻意便聽不見的嘆息；列車十分鐘後在板橋靠站，真正的A出現了，大約是一位三十開外的年輕人，揮手比劃自己的座位是A，順勢舞動車票，宣告產權似的。

婆婆的嘴角囁嚅一下，稍稍挪動身子，未有起身之意，年輕人有些不耐煩說：「我是A」，婆婆這才表明想與之交換座位，但年輕人說什麼也不肯，持意非A不可；婆婆長聲喟息，動作緩慢有氣無力扶著腿緩緩站起，手上提著沉甸甸的黑色包包，我輕輕助她一把，讓老人家跨過，回到她票根上寫得明明白白的C座，婆婆的眼淚竟因而毫無預警的撲簌簌落下。

哇！莫非這個換位動作讓她百味雜陳，感嘆世態炎涼，氣憤年輕人為何不懂敬老尊賢，同理心全散佚了，或者我舉手之勞讓她有所觸動？

年輕人冷漠的舉措原來只是最後一根稻草，婆婆的心情早在谷底，她轉過頭把我當成牧師，告解她的心事；前一晚半夜媳婦狂亂來電，泣不成聲告訴老媽媽，辛勤工作的兒子突然腦溢血昏迷，她提心吊膽擔心一夜，許是徹夜未眠，趕上早班車飛奔探視，心是懸的，膽是顫的，怕的是會不會是最後一眼？

這一刻，我猜想她的心肝寶貝應該在加護病房與死神拔河，或插滿管子搶救中，婆婆許是心如刀割，卻又不知如何是好。

窗外風情是一帖調和劑，只是不知能讓心情從濁黑澄清到什麼顏色？

一向口才敏捷的我此刻竟也笨拙，一時語塞，根本不知如何安慰眼前這位失神的老人家。

我望了望她，刻意避開老人迷幻的眼神，將耳膜關上一半，篩掉令人不忍的語句，輕拍老人家瘦乾的手臂，彷彿哄騙將入眠的嬰兒，不知是否這招管用，抑或折騰

大半夜，老人家早已體力不濟，眼皮沉沉闔上，小憩片刻，瞧她安詳睡容，我才稍稍安心。

沒多久，婆婆打出一串節奏有律的鼾聲，許是甜甜入夢，即使不甜，或許也不愁了吧。

高鐵猶如一列只去不回的飛車，速度奇快，越過桃園，跳空新竹，沒多久便抵達我的目的地台中，收拾公事包後準備下車，臨走前欠身告辭，我終於在紛亂的思緒中擠出一絲安慰語，請其放寬心，別太難過，也許情況會很樂觀等等。

哎，我自知講的全是廢話，但說了也許比沒說好，婆婆就在這一刻拉著我的手，彷彿拉住自己的兒子，添得一點希望似的，直說謝謝。

我鼻頭一酸，眼眶滿是水。

有感 孟武伯問孝。子曰：「父母唯其疾之憂。」——《論語．為政》

溫馨旅程

原來我所謂的沒空，有一堆事情耽擱，還有要事得辦，
下星期再說……全是謊言，
為與不為，做與不做，看來存乎一心。
奶奶的確只有一個，對我來說，媽媽何嘗不也只有一個。

在法國作家巴爾扎克的心中，媽媽是個簡單、無私、豐碩的女人，為孩子永不喊苦的付出，一個堅毅的角色。

有一回的母親節，春寒料峭，雨水比往年多出許多，成天濕漉漉的很不好受，但是老媽媽一再呼喚，一度陷入天人交戰；老媽媽有如王寶釧，寒窯苦等，等著正面回應，兒女欣然答應，準備同行。

臨行前，兒女卻一臉苦惱，嚷著不去了，隔周月考，老師殘忍下達恐嚇令，誰考不好，誰就倒大楣，兒子有些心驚膽顫，他說不好好苦讀就死定了。

心情頓時一沉，不知如何是好？

我心虛且略帶焦慮告訴孩子，奶奶一定會體諒，但依舊希望他們再好好考慮，最壞的打算就是一人獨行。

傍晚時分，靈台清明的兒子悶不吭聲走到跟前，有了決定：「奶奶只有一個，考試有很多次，還是回去看奶奶好了，那麼老了，一定很想我們……」

兒子口中慎重滑出的話語有如山水清音，準確無誤的彈進我的耳裡，悄悄鑲嵌心中，黏稠牢靠，他並且悠揚吟哦一大串道理，我根本來不及細聽，更無力吸收，有些茫然，他已帶笑撤出書房，我愣在原處，半晌說不出話，我一度懷疑，這是我兒子嗎？怎麼可能講出如此蘊藏哲思，寓意深長的道理。

兒子走進自己的小房間，開始收拾簡單的行李，準備隔天出發。

童言童語，卻力度極大的撞擊我的心靈，與之比起來，自覺汗顏，原來我所謂的沒空，有一堆事情耽擱，還有要事得辦，下星期再說……全是謊言，為與不為，做與不做，看來存乎一心。

奶奶的確只有一個，對我來說，媽媽何嘗不也只有一個，屬高齡人口，風燭殘年，今年過了，不知還有沒有明年？我竟比一個小娃兒還不知道珍惜，真是該當何罪，思考至此，眼淚早按捺不住潸潸落下。

那一次，我一反常態，不止陪媽媽吃飯，還記起一件她一再提起的小小心願，我領著盛裝打扮的她，乘著晨曦微風，開始一趟心滿意足、返回老家的尋根旅程，舅舅的住處是她的童年夢田，在此成長且擁有許多美好的回憶，兩個老人早入古稀之年，沒有兒女載乘很難見上一面。偶爾一見再續前緣，都喜出望外，姐弟倆侃侃而談，一刻也止不了，他們繞著他們的媽媽說個沒完，意猶未盡，相約再聊。

接著轉到媽媽與爸爸共組家庭，安頓下來的第一個破落住處，她的記憶深刻，像個說書人，陳述當年披荊斬棘的趣事，辛勤工作的甘苦，操持家業的快意恩仇，還老返童似的，臉上堆滿笑靨。

我載她拜訪養活我們一家人的荒蕪果園，失智的她馬上回神似露出依稀記得的神情，那一片林子，以前父親植了桃子，後來改種李子，我有記憶以來，種作已改成柑橘。她在一顆熟悉的石頭坐下，記憶如水，泉湧而出，她彷彿醉在夢中，我不忍打擾，靜靜坐在身旁，慢慢等著她由回憶的幽谷中甦醒。

回程，我從後視鏡偷偷窺見媽媽雞皮鶴髮的臉上，洋溢溫馨，久久不散，這是有史以來，我與她最美的團圓。

她靦腆的問：「可以再來嗎？」

我一時愣住，臉頰紅燙，羞愧不已，這麼小的願，媽媽竟用懇求的語氣，此刻我不由自主想起英國作家狄更斯的名言：「沒有無私的、自我犧牲的母愛加持，孩子的心靈將是一片荒漠。」

而後，我回過神來，猛力點點頭，她雀躍著回我一個爽朗的笑，我想，當下我應該已還她一顆青綠的心靈。

有感 誰言寸草心，報得三春暉。——孟郊．《遊子吟》

人生方程式

廣告刊登前，醫生就讀醫學院的兒子與女朋友鬧翻，協議分手。
他受不住壓力獨自走向家中頂樓，
縱身一躍，結束短短的二十歲人生，留下遺憾；
醫生瞬間明白，課本只教知識，
但應付人生需要常識，之間有千萬里路之遙。

飄洋千里、路行千里，終於理解何謂迢迢千里？
水盡，山窮，又一村。
開壇，如僧。
法施、開示。
一路風塵，滿臉倦容，換得筋骨痠痛，全身疲憊。
但卻得了夢中甜美、有味、動人的回憶。
一站接一站，回到旅館已是月明星稀，全身癱軟，沐浴淨身，倒頭便睡，但腦波閃爍，意念飛馳，怎也睡不著，乾脆起身，打開夜燈，取來《華文星洲日報》靜靜翻閱，有則宣言莫名其妙闖進眼簾視界。

那是一名醫生花錢刊載的廣告，一則動人心神的沉痛呼籲，文中這麼說：

不要過於溺愛孩子，要給他們成長的機會，必須擁有苦痛與承擔的經驗，才能換來抗壓的能力。

他又說，不要只在乎成績，再傲人也只是人生的小小一部分，千百分之一而已，無法應付迭來的考驗。

他還說，茶來伸手、飯來張口的虛擬世界，只會讓孩子成為一位生活弱智者而已，這樣反而徒增傷害孩子的力度。

這則廣告刊登前，醫生就讀醫學院的兒子與女朋友鬧翻，協議分手，他受不住壓力獨自走向家中頂樓，縱身一躍，結束短短的二十歲人生，留下遺憾；醫生瞬間明白，課本只教知識，但應付人生需要常識，之間有千萬里路之遙。

最後他說道，務必教孩子應付挫折的能耐，否則難以跨越處處設下陷阱的人生。

同一版，下方角落的位置，另一則聳動的新聞鋪陳：家財萬貫的膠農之子仰藥尋短，父親用直升機後送大城市救治。

附上一張雙眼迷離失焦，望著天的父親相片，內心沉重的不得了，顯然又是一個被寵壞的孩子，年紀輕輕學會的本事只有要錢揮霍，父親一直屈從，這一回不從了，孩子便威脅，不給就去死，而且真的喝毒藥了，缺智恫嚇，弄巧成拙，真的死了。

瞌睡蟲驚跑了，原本就睡不著，這下更難以成眠，反覆思索這兩則新聞隱伏的意義。

隔日我把這些思考的心得入了題，成為演講主軸的一部分，與聽眾分享這令人錯愕的故事。

華人教育在某些層面上的確出了問題，千年仍只在「萬般皆下品、唯有讀書高」的氛圍中打轉，用盡辦法只想讓孩子把書念好，其餘不必插手，忘了分數只在學校內，學校之外靠的是才華。

移民加拿大的友人就有此感觸，鄰家男孩，十八歲之前玩瘋了，上山下海什麼都行，態度友善，非常樂觀，很有信心，覺得失敗爬起來就好。

十八歲後，這個孩子便失去蹤影，很少碰到，有一回巧遇，這孩子已經上大學，主修生物，而且收起玩心，常常在實驗室中尋找古生物基因，三更半夜才返家，他樂在其中，享受追求知識的過程，看來這孩子靜若處子、動如脫兔，這才是真正的教育。

人生本是一則方程式，可以自由填寫，多數人是這麼畫押的：努力讀書、好好工作、拚命賺錢，然後呢？至此多數人累癱了，很難續想。

真正的答案是優雅生活，這事課本沒寫，所以多數人並不會，以致一路走來淒淒苦苦，缺乏滋味。

書中自有黃金屋、顏如玉，根本是騙術，不可能出現，人生風雨不斷，小小的書中內容無法可解；玄機處處妙妙解，看山是山，見水是水，最後繞上一圈，看山還山，見水還水。

古希臘哲人德膜克利特說過：「很多博學的人並不聰明」，這話很深，值得凡夫俗子好好想一想！如果真有人生方程式，我想：

讀書，一百分，

人生，一萬分。

有感 曾子曰：「孝有三，大孝尊親，其次不辱，其下能養。」——《禮記・祭義》

光陰的事

我喜歡現在的她，
但歲月如風，瑟瑟縮縮，把她圓潤的臉頰刻烙出風霜，皺紋深深，
人生緩步向終站擺渡，
我與她再當母子的時間，顯然不會太多。
如果再不珍惜，也許一個不留神，她就會溜出我的世界。

媽媽罹患失智症後，我便明白她的記憶可能不會再恢復，我的孝心彷彿被催熟，惦念起她。

由於忙碌，有段時間我確實忘了她，再回首，她的頭髮早染成雪白，臉上刻烙皺紋，背部佝僂得厲害，坐下竟久久站不起來，思緒亂了譜，說不準誰是誰。

真是罪過！

在我準備陪她共享天倫之樂時，失智踩熄了孝心，添得子欲養而親已老的遺憾，喜歡玩樂的她，早已無力應付漫長的旅途，即使我開著車載她返回老家，她也因旅程辛苦而顯露不悅，直說不去、不去。

歲月的淘洗只有意外帶來一個好處，她的過去、現在、未來的界線模糊，連同生老病死一併淡出腦海。

她常常問我，幾歲了？

我猜她可能以為自己仍舊十八，準備出嫁，嘴角不由自主泛起待嫁女兒心的笑，問我嫁給誰好？她用蠻力硬生生把被單扯下，當成花衣裳布料，囑我織成一套俏洋裝。

我請兒女獻策，說說誰好？

哎，瞎鬧的啦，根本不知誰是誰。

說起爸爸的名字，她會突然清醒，嚷著那個人早死了，怎麼能嫁給死人，那一刻我笑中帶淚。

長年藏於她心中的憂愁，因為記憶迷離，一併化解，折成一抹笑，傷感淡了許多，不再老是嚷著誰偷了她的花衣服，誰又在飯菜中下毒，神經兮兮追著滿屋子的鬼魂奔跑，再也沒有用過我買給她的上等木拐杖，使盡力氣搗壞家中的一切物品，這些不愉快的前塵往事全化了。現在的她連同蟄伏於心中的恨怨，一併被歲月洗滌得乾乾淨淨，成了清清如水的人。

我喜歡現在的她，但歲月如風，瑟瑟縮縮，把她圓潤的臉頰刻烙出風霜，皺紋深深，人生緩步向終站擺渡，我與她再當母子的時間，顯然不會太多。

如果再不珍惜，也許一個不留神，她就會溜出我的世界。

我遍尋不著一台時間回溯器，只能把握當下的所有美好。

沒有多少人記得自己的老媽媽喜歡穿什麼褲子，但我知道，一個大男人在市場中，我熟悉的地方尋找媽媽愛穿的布料製成的老式馬褲，連小販都嘖嘖稱奇，只差沒有把市場中的人全叫過來，嚷著這個人在替他媽媽找這一款褲子而已。

當我把褲子放在她的手中，媽媽摸摸質地，竟欣喜若狂，直問我在哪裡買的？開心溢於言表。

我同時記得她愛吃的，返鄉帶回家人自製的醬瓜、醬菜之類的食物，雖說從醫學專業角度來看，醃漬物品還是少吃為妙，但又如何？都足九十歲的人了，這些被她當成人間美味的東西，伴她都近九十年了，終站之前，就嚐一嚐吧。

我記得她愛吃金棗，一種極酸的水果，它混搭著與爸爸一起披荊斬棘、建構一處養活我們這些孩子的果園的美好回憶；她愛泡澡，不愛淋浴，愛吃粥，不好乾飯，如果吃乾飯，喜歡加湯混著。媽媽人生中不大不小的事，我慢慢當成要事辦。

還有幾個母親節都是未知數，這一個未及時掌握，便不知下一個是否再來？這些年來，一取得整年度的新記事本時，我二話不說，先把母親的生日與母親節登錄下來並且空出檔期，當成重要之事。

人與人之間有一條細細的線繫著，它叫緣分，我與媽媽修得千年百年方成母子；而今緣分正如數學的減法，逐日遞減，我想像自己是痴愚的夸父，用追日的精神，陪媽媽一起走到人生終站。

近距離凝視媽媽，發現皺紋再添了幾條，氣力又少了一些，步履極為蹣跚，臉頰瘦了，小腿細瘦無肉，取出假牙變得口齒不清，我因而想起法國作家夏多布里昂在《墓外回憶錄》的一段話：「有些東西，壞了可以再有，有些一旦折損了，就是烏有。」

有感 父母之年，不可不知也。一則以喜，一則以懼。——《論語》

二十五孝

「年紀大了，還有父母奉養是福氣，
什麼錢都能省，服待父母的錢省不得」
這是虛長我幾歲的他語重心長的體會，
不吝惜的轉贈給我。

一張照片震撼無數人心！

他是誰？

花甲男子，以花布包巾抱著老媽媽就醫，細心呵護，頻頻安慰，親手餵飯，孝心令人動容，網路瘋狂流傳。

孝子是前台南市調查站退休的調查員丁祖伋，當年還為了照顧年邁母親申請提前退休。

一般人的反應：「現代孝子的典範。」

昔日長官同事回憶起這個人，都異口同聲說：「老丁是出了名的孝子，他會這樣做（抱母親就醫），並不意外。」

身為獨子的他為照顧雙親，放棄升官，甚至自願從副主任降調為專員，只為留在台南老家照顧家人；上班出門前一定先安頓好母親，中午休息也都會回家探望，但他的孝心，一點也沒影響工作績效。

動人相片中隱伏了酸酸的故事，不知為何，看著看著，鼻頭一酸，差點掉下眼淚。

他讓我想起一位年過半百的花甲友人，喜歡李白的《將進酒》，經常吟咏其中一句：「君不見高堂明鏡悲白髮，朝如青絲暮成雪」，意指自己也已垂老，但是事親至孝的他顧不得自己體力大不如前，無論如何，都堅持每個周末假日得空休息，返家陪陪老母親，推著輪椅帶她四處走走瞧瞧，與她聊聊天，他有句話說得動人：「過一日與她當母子的機會就少一天，下回想叫娘未必叫得著。」

他上有兩位哥哥，都因為傑出有成而遠離家鄉，留下的他自稱是沒有成就的公務人員，但最有誠意照養爹娘，他說人生就是這樣呀，有能力的出國享清福，沒能力的留下來照顧父母，我聽得出此乃戲謔之語，卻也是實話一句。

「年紀大了，還有父母奉養是福氣，什麼錢都能省，服待父母的錢省不得」，這是虛長我幾歲的他語重心長的體會，不吝惜的轉贈給我。

莫非鄭振鐸先生也是這樣才領悟：「成功的時候誰也是朋友，失敗時，只有父母是伴侶。」年幼時，父母是守護神，當他們年邁時，誰當靠岸？這話則是我的疑惑。

清明時節我思及這些事，感觸更深，父親早就墓木已拱，這一天我按習俗會去他墳前上香默禱，我準備的行頭簡單多了，一束清香、四果、還有百合花，選它是因為我愛，而非父親最愛，就像當年選擇墓地一樣，都是活著的人巧思決定，想的無外乎是對陽世子孫的保佑護蔭；大哥備的祭品非常豐盛，免不了三牲酒禮，碗粿數樣，燒上金銀紙錢敬獻，只是這些美酒佳餚，最後還是進到奉祀者的五臟廟。

祭拜結束，我坐在父親墳前，一棵高大青綠開著紫花、有著清明花之稱的苦楝樹下，隨手取了一顆橘子剝皮，清香溢出，咬一口果真鮮甜多汁；回想我與父親相處二十多年的過往時光，他生我太老，走得太急，以致連我想多喊幾聲父親皆不可得，而今能喚出這個稱謂竟是只有清明，在他墳前，表情嚴肅的默然。

夫樹欲靜而風不息，子欲養而親不在。往而不可追者，年也；逝而不可追者，親也，此段話語如今讀來更見勁道十足，直往心靈衝撞，想著：待長輩至孝，應在生前、抑或死後？現在、或者未來？

看來人往往如是吧，一般皆屬後知後覺者，當下等待未來，現在迷失過去，直到有一天，開了竅，什麼都懂時，卻後悔莫及。

日修禪師有句禪語：日日是好日，夜夜寄天真。果是真心話，如果親子相處時光皆是好日，在世之時人人惜緣享福，多陪一段路，多說一句話，那麼何必在雨紛紛的清明時節慎終追遠呢？

及時行孝應更勝事後追悔吧。

有感 這世界從妳走後，變得已不能指認；唯一不變的只有，對妳永久的感恩。

——余光中・《天國地府》

時光隧道

記憶在我看來確實是一張證書，
至少足以證明我與眼前的孩子有所關連。
而我的確這麼做了，收到不錯的效果，
我與孩子的關係隨著韶光飛逝，越來越濃烈。

書房的窗台前，曼妙的綠延展成一條長卷，青翠可人，我花心思種上一株小芭樂，一棵小柑橘，另有一株春天盛開的杜鵑，遮蔽一些陽光，向外眺望，遠山近巒盡收眼底，它是我忙了一天之後，閒散優雅的居所，我彷彿書蟲，啃食優美的方塊字。

吳爾芙堅定相信，文人不可以沒有書房，只是書太過量了，書齋難保不會成為書災，溢了出來，四處堆疊，便成了劫難；我彷彿考古專家，很多陳封往事竟因而被挖掘出來，最有意思是兩本有趣的冊子。

我記起，孩子小時候我煞有介事仿製出品了游家食譜，每每周末假日，心血來潮，便取出讓孩子依菜單點菜，再上菜市場採購，回家下鍋烹煮。

我的名菜有：

神奇肉煎蛋

香脆小黃瓜

無敵好吃紅燒魚

漂亮菜

乾嗆活力斑節蝦

許是胡謅的菜名迷人，孩子滿愛吃的，口齒留香之餘便客氣封我為食神，這些往事早早埋入潛意識，忽而打開記憶之門，倒是一樂。

這本小冊子不是藏身於堆疊雜亂的群書中，而是皈依佛門，隱身一尊宋佛身後聽經聞道。

我家諸佛散坐，單單書房就有兩尊，端坐在書香之間。黃楊木雕的一尊，慈顏之中不失莊嚴，有祂在，更具安全感，佛的腰間繫著衣帶，款擺輕揚，顯見雕刻者的刀法俐落，能把木頭雕出這種境界實屬不易；我未刻意禮敬，只把祂當成藝術品欣賞，而這一本小冊子巧妙的隱身佛後，許是想仔細聆聽梵音清唱，迷醉了吧，在我替佛淨身之際，悄悄走出。

堆疊、整齊排序的另一本冊子是《時光簿子》，這是女兒五歲、兒子三歲時，一個起心動念之下，決定把兒女身上的美好鎖住，定格當下，讓記憶塵封，有朝一日，再開鎖取出。

冊中的收藏內容無所不包，有女兒靈光閃過的神思妙想，精心製作的小小繪本，取名《小迷糊克拉》，我正是她筆下那位微小如公克的迷糊主角，屬於滑稽人物，經常出錯，可笑至極，我根本難以理解為何那麼小的孩子，就擁有古靈精怪的心思，這點早不可考，可是每每翻到這一頁，我依舊笑到肚疼。

兒子頑皮成性，常常信手捻來把我繪成醜陋傢伙，說我是不可一世的混世魔王，寫著老怪物之類的字條，也被我偷偷藏了起來，用膠水固定；遇上這種事，別的父親也許開口就罵，而我卻如獲至寶般把它蒐羅起來。而今證明我是對的，兩個小孩常常爭相閱讀各自的成長軌跡，記憶的圖騰，而我總是開玩笑，強調那是我的私人寶貝，讀一回，票價五元，但卻換來姐弟倆異口同聲直說我是奸商。

最生動的收藏當是兩個小傢伙的情書，多虧他們寫情書還懂得打底稿，有一版、二版、三版，最後定稿，有些隨手撕毀，有一部分則擺在桌上，我如毛賊一般，把它塞進口袋偷偷藏起，貼進時光記事本之中；更多時候是我整理字紙簍時，不小心在一堆廢紙中發現，我興奮如在古董市集不小心挖掘出魯迅、巴金、沈從文、矛盾、蔡元培的手跡一般，手微微顫抖，視若寶物，撿了起來。

太太笑我是撿破爛的，不！我是撿記憶的。

這本記憶的冊子，未來會有正本副本，將以抽籤決定歸屬，兒女一定會視若珍寶，畢竟其中藏了許多他們成長的印記，滿滿的痕跡，時光的烙印。

為什麼選擇三歲、五歲成為保存記憶的起點？

不知道，就是那一刻，突然覺得這些東西珍貴極了，一旦消失，就不可能再見，心生收而藏之的想法。

德國海涅相信，在一切創造的事物之中，心靈是絕無僅有的，它是最美、最好的東西，很湊巧的，我也信仰這套理論，相信人與人之間壁壘分明的心靈，必須依靠甜美的回憶去聯結。

我很難理解，如果兒女闔上雙眼，想不出來我的形貌，與他做過什麼事，我們之間有什麼美好的記憶，我這個爸爸又將如何自圓其說告訴他，我真的是爸爸？如果我緊閉雙眼也記不起來我們之間有過什麼交錯，共同做了什麼，有何回憶，兒女又如何

相信我們的的確確是一對親子？

記憶在我看來確實是一張證書，至少足以證明我與眼前的孩子有所關連，而我的確這麼做了，收到不錯的效果，我與孩子的關係隨著韶光飛逝，越來越濃烈。

孩子們將來未必是名人，未必非常厲害，未必口袋多金，但這些都無所謂，因為真正可貴的東西是沒有價格的——只有價值。

怎麼辦到的？

無悔的付出吧，我不在意回饋，但明白會有好結果。

不敢過度忙碌，只因我很想回家，陪他們吃飯、聊天、看書。

七點至八點是孩子年幼時，我刻意保留下來的家庭時間，看似閒暇其實種了愛；全家人坐在一起，泡一壺花草茶，未必做什麼，常常看書，聆聽音樂，或者走出戶外諦聽天籟，躺在青綠的草皮上觀星攬月，原本以為不起眼的動作，竟在時光的催熟下轉成雋永的回憶。

他們允諾：我給予的記憶，會加倍奉還。

哈，還是別太志得意滿得好，未來的事誰敢打包票，但這句諾言，已讓人甜甜的，很窩心，非常欣慰了。

有感　孩子呀，阿爸也沒有任何怨言/只因這是生命中，最沉重，也是最甜蜜的負荷。

——吳晟．《負荷》

受用的禮物

我想起父親小時候教示我的三氣論，
人要是有骨氣、勇氣、志氣，人生就不會一直生氣了，
這些話而今讀來依舊韻味十足。
原來禮物有虛實兩種，實體的一眼便知，它頂多是價格；
但虛體的部分則是無形的，可長可久，它屬價值。

聖誕夜裡悄悄潛進孩子的房間，扮起聖誕老公公，在一隻襪子裡藏了一分神祕禮物，置於不算隱祕之處，兒女一個翻身，就與它不期而遇；這件事讓他們度過一段有趣且快樂的童年，甚至一度以為聖誕老公公真的存在，從黑煙囪溜了下來，挨家挨戶送小禮物，孩子們寫信道謝，並央求我寄出，可是住址呢？我唬弄半天也就不了了之，後來發現，真有聖誕老公公的收信處。

不知何年何月開始，孩子對這個禮物便不再熱中，難道是千篇一律的禮物讓他們提不起興致嗎？嘿，原來是長大了，兒子率先發難，笑咪咪的指著我說：「這個幼稚遊戲到底要玩到什麼時候？」

幼稚？

以前都覺得好玩，而且滿心期待的呀，我卻忘了年年歲歲長一歲，人是會成長而智慧開鑿，不可能永遠是孩子，從那一年開始，我便收起了玩心，不再偷偷摸摸喬裝成聖誕老公公贈送禮物；如此一停多年，直至最近，我一時興起，童心未泯偷偷的在床頭上放了他們喃喃自語，想得到的禮物。在某個聖誕節，孩子一覺醒來發現襪子中藏了最愛，瞇成一條線的笑容，故作神祕說著：「聖誕老公公再度光臨囉」，我便知道這個遊戲依舊好玩，值得繼續，也許未來，他們會發現這些並非只是一件禮物，而是一生受用的童心。

長不大與童心未泯事實上是有差異的，前者是該大不大，而後者是該老不老，藏有童趣，孩子這樣說：「你們都太像大人了！」

頗值得玩味的一句話，讓我陷入沉思，是啊，我們的確都是十足典型的大人，可是為何非像大人不可，一板一眼，實事求是，要求業績，成就功名，利慾薰心；天天無力開始，疲憊告終，周而復始，忙得不可開交，以致得了錢，但失去天真，愁容滿面。

像孩子多好？

至少沒有那麼煩，不必理會有錢沒錢，可以有夢想，大膽追尋，我的確從兒女身上學到很多散佚智慧；最美的是天真，這麼大的孩子還迷戀卡通，在童趣中舉棋擺譜，一路悠遊，永不放棄他的《航海王》、《名偵探柯南》，笑聲依舊與以往欣賞《企鵝家族》時，發出的咯咯笑聲的音律一模一樣，他保存天真，依舊大步前進，可以坐下來與我對談人生奧義，而且有一套我自認不及的人生觀。

孔子的知之、好之、樂之，他詮釋得不錯，因而成為自己的魔法，快樂入了他的寶盒，並且認定缺乏快樂的人生，一切虛假。這是一個不足二十歲大男孩的邏輯，我聽畢後，莫名欣慰，誠如友人所言，教得好喲。

他喜歡船到橋頭自然直的妙喻，深信柳暗花明又一村，而這一點在小時候便可以嗅出端倪，他常把「又不會死」四字箴言掛在嘴邊，什麼都說又不會死；也的確如是，不死就是活著，有呼吸就會有希望，他像蟑螂小強一般，可以谷底逢生，死去活來，很有韌性。

我想起父親小時候教示我的三氣論，人要是有骨氣、勇氣、志氣，人生就不會一直生氣了，這些話而今讀來依舊韻味十足。

原來禮物有虛實兩種，實體的一眼便知，它頂多是價格，多少錢是多少錢，被用來作為獎勵用的；但虛體的部分則是無形的，可長可久，它屬價值，有時看似無用的東西，卻如老子所言：無用之用大哉。

孩子小的時候，他們喜歡看得見的禮物，我費盡心思，精挑細選送出，瞧他們笑盈盈收下，我便心滿意足；在他們漸長後，我決定再送禮物，這一回，改用無形的禮物，也許是一本書的一句話，一句格言，一項悟出的真理，一個淺小的概念，以及一次人生的體悟。

我開始邀孩子進入我的生命世界，利用星月交輝的夜裡，席地而坐，仰頭凝望，真心說些小故事大道理。

父母是什麼？

法國諺語如是說：父母只是天生的銀行。這話讓人氣結，還是洛震說得好，他們是燦爛光輝的朝陽，可以替孩子照亮光明的路。

有感

天真的起點呢，剛剛滿月／除非是貼身將你抱住／最最原始，用體溫，用觸覺／用上游的血喊下游的血。——余光中．《抱孫》

Part 2

守護，孩子凝視善的背影

父親並非知識分子，一生只在江湖打混，未曾上學，卻有智慧，很受鄉人敬重，講話有分量，善念與慈悲是他的力量。他無法給我言教，卻讓人生哲學化成身教，氣運丹田給了我，因而取得兩張迷人的卡片：「幸福卡」與「愛心卡」。

名醫好友在餐敘時，不經意說出的一段話，給人醍醐灌頂的哲思：「所有病人都是我的菩薩，是來開導與精進我的。」

他或許只是隨口一說，對我而言卻意義深遠，慢慢學會用同等態度對待我的讀者，把每位喜歡我作品的人都當成菩薩，設身處地替他們寫，引向陽光處。

名醫女兒有次參與我們聚餐，他又有感而發：「二十多歲了，還願意與老人們坐在一起，要很感恩、惜福！」

他的教育觀很有特色：聽孩子的話，讀懂他的心，愛這個人不是愛他的分數，最後用時間烘焙，耐住性子等待成熟。

我的作品《深情——教出懂愛、用心、有情的陽光孩子》，書寫初期的起心動念之一，便是醫生的一番話；我在書中反覆辯證親情與成就，發現成就終歸是孩子的，唯有親情才是我們的，牽繫的線是緣分。

緣在、線在，風箏便翱翔，線斷，則飄盪墜落。

少了親情，即使親子也如擦身而過的路人吧。

我因而得出結語：孝順比優秀重要。

名醫的女兒現在也是醫生，用父親傳承的華陀精神看診，可以預料的是，她會是好醫生，懂得視病如親。

教育的重心在何處？

我反覆思索，一般人相信它在學校，否則怎麼可能十二年國教的議題爭議不休，菁英與否筆戰討論，甚或與世界接軌的話題也跳出；見樹不見林的相信英文是通往偉大的特快車，這是偏見與謬思。原來接軌世界的是專業而非話術，菁英不是學術成就而已，人文藝術反而更有力量，可以使世界祥和，學歷傲人只代表某一領域還算傑出，謙謙君子方有高度。

這由不得使我想起一人：父親。

他並非知識分子，一生只在江湖打混，他的世界也只侷限於綠水泱泱的田水之中，未曾上學，卻有智慧，很受鄉人敬重，講話有分量，善念與慈悲是他的力量。

他無法給我言教，卻讓人生哲學化成身教，氣運丹田給了我，因而取得兩張迷人的卡片：「幸福卡」與「愛心卡」，直到現在才慢慢發現妙用，不著痕跡左右我的思維。

他的助人是出了名的，多颱的宜蘭，常有路斷橋毀的災情，出錢出力鋪橋造路的責任由他承擔，雜貨店補貨還得向人借款的我們並非富人，這些善款便更是偉大；離家不遠處有兩位拾荒老人，年紀大了，沒有子嗣，無人奉養，他偶爾權充子女，送菜送雞，那本該是我的加菜，但都成了老人家的補品，他說：他們比我們需要。

老家附近一對經常餓著肚子的愚痴兄弟，我家漸次成了他們的廚房，父親說：就一頓飯嘛。

簡單一語不簡單，未必有幾人可以做得到，但父親卻不費吹灰之力便辦到了，這張愛心卡像種籽一樣萌芽。

而今看來，當前的很多決定，都與他的身教有關。

讀者預購的作品，我寄出之前習慣蓋上一方藏書章，它藏有祕密。

二十年前，報紙登載一對肢障夫妻的兒子被流浪狗咬傷，引發敗血症，最後不得不截肢；恰巧他們是我好友的朋友，我因而厚顏寫了一封文情並茂的文字，在工作單位發起捐款，籌了二十多萬元，畫押後轉贈他們，那位先生收款後數度落淚，緊握我的手，感恩之語溢於言表。

後來得知他善金石，刻印持家，而我剛好收集不少雅石方章，突發奇想，邀他替我的美石雕刻名言雋語，文字由我提供，按件計酬，明眼人一看便知，那是隱式的幫助，我們心照不宣。

這個助人工程何時結束？

怎麼結束？

記憶已有些模糊了，但愛與善念卻已俱足，每回在書上蓋上一方藏書章，便再度喚起一次記憶中美麗的圖騰。

我應該算有愛的人，這分美好心意來自父親吧。

嗯！身教的確比言教重要。

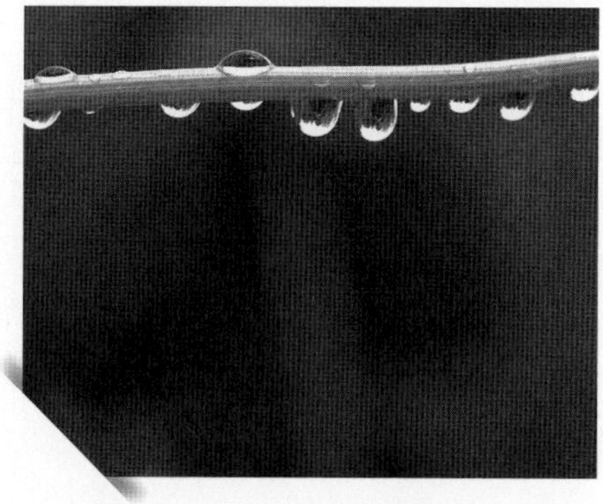

雨中的幸福

「媽媽說要散步。」
「所以你帶她出來？」
「是啊，她開心我就開心！」這話尋常但卻動人，
如果改用孝心來測量，
這麼感人的舉措，百人只有一個，該算資優？

天氣難料，春夏秋冬混雜，時而大晴，時而暴雨，一天裡有如溜滑梯，從春滑到了冬，冷颼颼的，偶來個瞬間十級的怪風，摧枯拉朽似的，可能吹走頭牛，吹破一大片落地窗玻璃，我的演講常常尷尬夾在其中。

從烏來主計處的訓練中心上完課返家途中，沿著山徑蜿蜒而下，方向盤操控原本就有難度，暴雨此時毫無預警狂落，增添了危險；我把雨刷調到最高速，但依舊阻擋不了傾盆而下的雨水，窗戶始終霧茫茫，我的視力原就不佳，這下更朦朧了，只好刻意放慢速度。

兩旁的大樹在風中搖曳起來，擺盪出三十度的華爾滋，我無暇欣賞美景，只專注於下一秒；車輪快速轉動，折斷的樹枝像箭一般飛來，令人直捏冷汗，險象環生的山路終於到了盡頭，心想再兩個彎道，便可以離開險境，下到北宜路。

就在紅綠燈轉換的交接點，剛要綠燈啟動，另一輛資源回收三輪車則在黃燈轉紅燈時硬闖；我猛力踩下煞車，車子在雨中發出刺耳的低鳴聲，冒出白煙，快撞上時，我拉上手煞車，千鈞一髮有驚無險煞住。我頭皮發麻，全身盜汗，後頭沒有預留行車安全車距的兩部車子，一前一後緊急煞車，惡狠狠叫罵幾句，漫出髒話悻悻然開車走人。

三輪車駕駛嚇呆了，久立不動，任由雨大力夾擊在臉上，我把他引到路旁，查看有無受傷。

「有事沒？」

他猛然驚醒，猛力搖搖頭：「沒事，我們都沒事！」

原來車上還有一位老人，智能不足全寫在臉上，我上前關心，前後上下打量，的確沒事，但被嚇著了。

「老人家是誰？」

「媽媽呀。」

答案不出我所料，是媽媽。

我關心問道：「這麼大的雨，出來幹嘛？」但不確定看來智能不足的他們是否懂得，年輕的孩子中規中矩回答。

「媽媽說要散步。」

「所以你帶她出來？」

「是啊，她開心我就開心！」

這話尋常卻動人，在我修習的心理學專業中，智力測驗低於九十者就叫智能不足，如果依據這個定義，他們符合笨的標準；但如果改用孝心來測量，我就不敢妄下斷語，這麼感人的舉措，很少人做得到的，百人只有一個，該算資優？

媽媽在此刻也開了金口，她說：「他很棒，對我很好。」

說畢，給我回眸一笑，那個角度看來很自傲。

在風雨中一個差點釀禍的意外，被我遇見一種深層教育的思考，我因而想了極多，優秀與不優秀產生衝突。

如此平凡的孩子，反而藏著不平凡的孝心，值得省思！

這麼看來，教育的確出現了某些界線模糊的地帶。

「我可以走了嗎？」

我這才注意，站在雨中的他們，著的是輕便型雨衣，暴雨如注，早把他們淋溼。

「下一次，穿厚一點的雨衣喲！」

「下一次？」

他們應該不希望有下一次吧，我開口已知有誤，帶著歉疚笑了笑，母子不太介意的一笑。

我揮手目送他們離開，闔上眼努力複製這幅最美的畫面。

有感 你的愛是滿滿的一盆洗澡水。／暖暖的，幾乎把我浮起來。——敻虹．《媽媽》

復刻情義

他們是換帖的，但比親兄弟還親，
彷彿錢是可以私通的，不必計較；
家中的盤碗店也是孫義用他敏銳的生意經嗅聞到，
只是購買碗盤需一大筆資金，
孫義二話不說，答應只要父親想做，碗盤的費用由他來想辦法。

孫義與父親兩個人相互惦記一輩子，直到往生多年，我才慢慢理出其中動人的情節，除了感動之外，進而成了座右銘般，學習、實踐。

我應該這麼說，沒有孫義這個人，我也許無法就讀高中，大學便更加遙不可及；門檻不是成績分數，而是錢，它非萬能，但沒有它的確萬萬不能，寸步難行，絕對走不出家鄉的小村落。

孫義的家在鶯歌，那是陶都，記憶中，我陪父親一起搭乘慢速火車，從宜蘭出發，路過我的便當驛棧福隆，過了台北便是鶯歌；父親會選擇一班到福隆約莫是午餐時間的慢車，次次回回，車一停，小販奮力叫賣，他便掏出錢來買一個熱騰騰的便當讓我吃，吃剩他才拿去裹腹。這些當年的事，而今早已渙散，記憶模糊，拼拼湊湊才理出一點頭緒，只是似真還假，似假還真。

鶯歌之行，當年是我的玩樂，而今明白一些故事，採購碗盤當是次要之事，拜訪老友才是重要之事，看一眼，父親便很開心。

丙丁是爸爸的名字，也是我家的商號，後來又成了盤碗出租店的行號，取名單純極了，兒子頑皮問我：「阿公為什麼叫丙丁，不叫甲乙呢？」

他還說：「還好阿公沒念過書，否則萬一讀書考試都是丙或丁，還真名副其實。」

這段小插曲讓我笑了好幾回。

他們是換帖的，但比親兄弟還親，彷彿錢是可以私通的，不必計較，從來沒有清楚算過；家中的盤碗店也是孫義用他敏銳的生意經嗅聞到，特別從鶯歌轉乘好幾班車到宜蘭員山，親自會見父親慎重告知這則好消息，他強調一定可以賺到錢，事後證明真的賺了足以提供我就讀大學的費用。

只是購買碗盤需一大筆資金，孫義二話不說，答應只要父親想做，碗盤的費用由

他來想辦法；第一批出租的貨品很快運抵，印上嶄新的印記，寫著丙丁盤碗出租店，父親喜出望外，開啟人生的新世紀。

父親有償還這筆錢？我真不確知，可能有吧；依照我識得的他，應該不會拖欠太久，否則他會非常不自在，但孫義一定會堅持要欠久一點，有了第三桶金方可還他，這樣的情誼現今難找了。

碗盤出租是一門辛苦的生意，我常隨軍出征，夜深了，兵疲馬睏歸來，累到不行，但財源滾滾。

真實情況原來是父親先幫了孫義，他是三十八年國共內戰，從大陸渡台的娃娃兵，十二歲的娃兒怎知從軍是什麼？我無從考察他為何當了兵，總之，適應不良，很想離開，這個祕密計畫盤據久矣；終於逃出營房，沿著村邊的小溪，躍過溪中碎石，穿過森密的竹林，有光的地方就是我家後院。

當年的氛圍肅殺，被捉了回去，難保不是重罪，可能槍斃，留置者則是窩藏罪犯，可能同罪；我未有機緣問明父親當年如何決定，猜想很掙扎吧？留與不留反覆多日，最後決定收留，尋找最佳時機，讓他去到安全之地。

一個冷冽的冬，飄著刺骨的微雨，父親摸黑帶他潛進半個人高的蘆葦，踩過沼澤地，在月夜掩護下，用幸福牌單車載著孫義前往火車站，送他上車，塞給盤纏，囑他一路小心。

可是路在哪裡？盡頭何處？他倆都不知道。

多年之後，一封從鶯歌寄來報平安的信，再度聯結倆人，見面彷若隔世，兩人淚眼潸潸。

怪不得孫義對父親如兄如父敬重一輩子，以救命恩人視之。

我終於把這段故事串起，幾分真？我不得而知，但很有味道，它使我從中看見了恩義、人情、關懷與惦記，而這也正是這個時代散佚與欠缺的。

有感 結交在相得，骨肉何必親。——《漢樂府·箜篌謠》

修車基金

那一天，演講談論的是生命教育，
慈悲喜捨與快意自在，就從撞車說起。
結果書賣得特別好，成車的書全數售罄，
回家後再大包小包寄了一回。
不開心的過程添得開心的結局，倒也完美。

腕上的手錶不停往前轉動，演講的時間分秒迫近，我急如星火，可是高速公路的車潮，完全沒有消化的跡象，時間悄悄流逝，依舊堵得水洩不通。

即使如此，我還是刻意保持安全距離，但沒幾秒鐘就被冒失竄入的車子占領，一車挨著一車前行，容不下一絲閃神。

在安坑附近的隧道，一輛違規的車子毫無預警竄出，我本能踩下煞車，發出刺耳聲滑行數公尺，後車因煞不及跟著發出慘烈的叫聲，鑽進耳膜，說時遲那時快，啊啊啊幾聲連音後便撞上來。

我開車小心，出事率極低，這種情況還是第一回遇上，下車查看，不得了，整個後車門凹陷下去，只能勉強開啟，對方也下車查看，是一個開著貨車的年輕人，我不免叨唸他的不小心，他則一臉懊悔猛賠不是。

「叫警察？或者私了？」

他一臉緊張：「你會叫警察嗎？」

我是該叫警察的，公路上被未保持安全距離、一路講話嬉笑的年輕人追撞，該給予懲罰；肇事者苦苦哀求，說他薪水極低，家人得照養，怕被罰款，眼看演講在即，實在無法鬼混下去，心一軟，便縱放對方。

他一臉感激，逃難似的走人。

那一天，演講談論的是生命教育，慈悲喜捨與快意自在，就從這個小小事件說起，會後聽者說要集資替我修車。感恩咧，我心領了，言明買我的書就是大大的資助，也許真的如是吧，結果書賣得特別好，成車的書全數售罄，回家後再大包小包寄了一回。

不開心的過程添得開心的結局，倒也完美。

回家後詳詳細細檢查一遍，目睹車子的慘況，心又生起掛罣，我把這件事告訴家人，女兒安慰一番，太太說沒事沒事，財去人安樂，兒子則有點不留情面，罵我：

「蠢！」

他的意思是，哪有被撞了還讓人逍遙法外，是啊，可是演講急迫；不過我轉了一個念頭告訴孩子，得饒人處且饒人呀，我們有能力處理這件事，吃一點虧何妨，搞不好吃虧就是占了便宜，你看後來書不是賣得特好嗎？

兒子似乎被我說服，點點頭，不再多言，並且陪我到保養廠。

「難修啊，最好換新的！」修車師父猛搖頭。

「價錢呢？」

這才是重點。

「二萬元左右。」

「哇！」

兒子吐出一條長長的，有如暗夜鬼魅般的大舌頭，驚訝溢於言表；這筆錢不是小數目，我們稍做處理後開車回家考慮，兒子又一次說我蠢了，花了錢，原來是自己得了教訓，不算好事。

車子當然非修不可，一位與修車廠熟識的球友答應幫忙，最後以約八千元完成交易，如新交還給我。

我因而想出一個餿主意，請求孩子們樂捐，在一個美麗、漾著青春的盒子上，寫下：「修車基金」四個大字。

兒子慨然響應，捐給我六百元，並答應以後會把零錢放進去，直至修好車為止；女兒也一起應允，加入助我行列，捐款一千元。

這是我的善行玩樂活動，並非真想如此，但得到開心。

修車基金的收入不多，但繫上滿滿的愛，讓心暖暖的。

英國的古典文學家巴洛說：「只要我們喜歡做好事，我們一定可以做到我們喜歡的那麼好。」

有感 重資財，薄父母，不成人子。——朱子．《治家格言》。

幸福銀行

這些美好記事簿的每則故事算是投資嗎？
應該是吧，而它就是存入「幸福銀行」裡，
我根本不知道會有利息，還有紅利，
以致當它一次給足時，那種開心難以形容。

銀行？

存什麼的？

當然是錢呀！

不，還可以存幸福。

太太在兒女二十歲時做了一件動人的美事，他們激動不已，悸動到現在。

她眼中的二十不止是一個長尾巴的年紀，更是成長的戳印、小孩大人的分界點，應該送出一個值得紀念的禮物；她相信用心打造的禮物，可以拉近親子間的情感，即使我們之間的早已濃情蜜意，她依舊覺得再多一些也無妨。

女兒的生日在六月，那是即將進入蔚藍夏季之前，陽光普照但不太烈，春的印記猶在，夏正要書寫彩麗扉頁而已；那一天，太太用女兒彌月時友人贈送的金戒指變賣換來的錢，再添上一小筆；準備一只99純金，閃著華麗光芒的項鍊。生日快樂歌唱畢，切過蛋糕，隆重送出，可以想見那一刻有多感人，眼眶立刻迷濛，彷彿被澆溼。這個印記，說什麼我也記得。

太太慎重其事，原來是她也曾被細心澆淋過。

即使女兒在兩年前已經預演，兒子親自登場迎接自己的二十歲，這個感人的戲碼再度上演，他依舊悸動著，眼裡閃著淚光，彷彿身陷蠻荒，越過山澗蔓草，終於得救一般的喜悅，我猜這一幕可能藏著亙古不散的幽香，值得時而提出好好嗅聞一番。

這些美好記事簿的每則故事算是投資嗎？

應該是吧，而它就是存入「幸福銀行」裡，我根本不知道會有利息，還有紅利，以致當它一次給足時，那種開心難以形容。

我完全不知投資的年限，到底是十五或二十年可以結清取出，未有回報的心理準備，一旦超乎預期，連本帶利奉還，往往落得感激涕零。

父親節當天，孩子用我過往慣常的方式，有些神祕，不露痕跡，不動聲色，但很用心，以心之名給我驚奇。

他們淡淡的說為我請假，好整以暇享用父親節大餐，我搜腦枯腸找著風景優美、山色青綠而帶著草香的「坪林茶葉博物館」，一間依山而建的餐廳，賣著茶的風味餐，窗前如一卷翠綠長軸沿展，亮彩極了。

味道以清淡為主，香魚新鮮，茶雞特別，竹筍甘甜，茶豆腐是人間美味，就在我不計形象狂食猛吃之際，重頭戲登場了，孩子們相互使一個眼色，如同當年我與太太使的眼色一模一樣，悄悄遞上了神祕禮物；這是一只四方的盒子，迷人的藍，純白的緞帶，他們哄我親手拆開，那一刻，我發覺自己像個小孩子，喜悅且心兒砰砰跳的打開，露出一個灰藍小瓶子。

猜猜看是什麼？

靈光閃過的第一個答案是古龍水。

是嗎？

他們知道我不喜歡這一味，討厭有化學刺鼻味的香水，怎麼會送這種怪東西。

不對，再猜！

我很快就逼近答案，沾水筆墨水。

賓果，準確無誤。只是我有一惑，兒女怎麼知道我喜歡這類小東西，莫非他們請來私家偵探做過調查？

收藏這類小東西的確是我的嗜好，出國旅行時，會四處尋找不同品牌的鋼筆墨水，偶爾買幾瓶沾水筆墨水，隨意取出來畫押，但實在從未想過兒女會心細的用它當成禮物送我，價格不算貴，但揉搓著情，心意很濃，溢出來的感動的確很難言語。

養兒育女有萬般辛苦，此刻也早如極地的冰川一樣遇熱化開；用心多年，終於確認他們收到我一寸寸堆疊出來的心意，並且私屬典藏，設想這個美好的節日返還。

這一回，我反常沒有因為感動而掉淚，臉龐洋溢幸福，歡喜說值得呀，原來在銀行中存了幸福，是會得到幸福的。

有感 萬愛千恩百苦，疼我孰知父母。——呂得勝．《小兒語》

利人基因

這些年來，我最堅持的是善念，這個觀念並非我獨創；之前的先行者，影響最深的則是父親。善可能也是一種基因，可以種在孩子心中，形塑一生受用的品格。

紫羅蘭爬滿了陽台，我替它設計架子，隔著紗窗與我對望；兒子坐在另一頭，我忽而問他一些童年往事，原以為他可能全忘了，豈料在他心中竟築起一座記憶城堡，他扳起手指，數來寶似的，將我遺漏的部分一一補齊。

我很詫異，他怎麼都記得？

比方說，有一回，我在住家附近的水族館，買了一兩黑殼蝦，讓牠們在我五尺大魚缸中的水草間漫游，赫然發現群蝦之中藏了一隻微型的螃蟹；幾經思考，我們決定讓那隻螃蟹回歸，我們花點時間找出蟹的名字、可能的棲息地，計畫開車送牠返回我們倆假設出來的故里，這件事讓我們歡喜一陣子，常常互探：「那隻蟹不知過得好不好？」

只是時間這線性函數直挺挺往前行，記憶中的某些日子漸散佚，最後竟完全遺忘，怎知一個提醒竟完全回想起來。

幾條被流刺網困住的蛇，在河中扭動身軀，掀起波紋，馬上引起我們的注意；因為掙脫不了，愈纏愈緊以致成了一種糾纏，其實我是極怕蛇的，無論大小，毒與不毒，全身上下都會不由自主起了雞皮疙瘩。

水蛇們看見我們迫近，求生本能被激起，奮力垂死掙扎，血盆大口大開，準備咬我們一口，牠們辨不得我們其實是救星；這一次的救援行動極難，得一面提防被咬上一口的風險，一面得用最快的速度把堅韌的線剪斷，而我們手上的唯一利器，只有從河中隨意撿拾敲裂，露出利刃狀的石頭。

我們來遲了，只救活一條，其餘回天乏術，這件事年代久遠，他竟依稀記得，而且說得口沫橫飛。

溯溪的巧遇讓他種下慈悲，大約是小學二、三年級的事，我們常抽空與一群樂山好水的友人，縱橫野地，炎炎夏日，三十八度酷暑，浸泡在十八度野溪之中，真開心。

慢步閒行野徑，吸足芬多精，再切下溪谷，是我慣常的作法，負離子大量進入肺部，一小時後走抵一處平坦高灘地，休息、游泳、用午餐，深潭冰鎮，突起一粒石，躺著午休有如神仙。

除了兒子，其他多半屬半百老人，可是玩樂起來一點都不遜年輕人，返老還童，樂而忘歸。

兒子的眼力極佳，遠遠便望見一張橫陳於兩岸之間的流刺網，翻轉出來的鱗光，直覺有魚被困，下了河果真發現幾條斑紋鮮明的石斑魚。

「魚！」

他有如達摩祖師，一葦渡江，凌空約莫半尺，在石頭上踩出一縷煙，沒多久就抵達魚兒翻波之處。

兒子放下背包，蹲了下來，伸入水中探了幾回，終於摸起一張網子，他順勢撈了上來，受難的魚也跟著現形，數一數，共有八尾。

仔細觀察，五尾死亡，三尾奄奄一息，如果不馬上施救，大約熬不過幾小時，我們有如外科醫生施行仁心仁術，一番折騰，活著的魚兒被我們救出險境，兒子在激流附近挖出一個窟窿，小心翼翼把體力透支的魚兒放進去，透氣喘息，並且預留渠道，如果牠們體能恢復，就能自行游出；插上旗幟，囑我回程提醒他觀看一回，他的設想周到，預算精密，讓我佩服。

溯溪歸來，早已滿身疲憊，他依舊加足腳程直奔藏魚處，很快就傳來好消息，魚兒全游走了；他想像一個畫面，晚上牠們會有歷劫歸來的慶功宴吧，報告驚險歷程。

這些年來，我最堅持的是善念，這個觀念並非我獨創；之前的先行者，影響最深的則是父親。

善可能也是一種基因，可以種在孩子心中，形塑一生受用的品格。

我慶幸擁有一個懂得種善的父親，讓我有機會把它傳給孩子們。

有感

我是鮭魚／骨灰罈子裡的父親，他也是鮭魚／我們一道遊向宜蘭老家歸去。

——《帶父親回家》——黃春明

守護神

兒子彷彿船長指揮航向，可是眼前的景狀險象環生，我哪敢讓小卒成先鋒？兒子執意而為，一溜煙卡在前方，並且在第二道關卡前停下，要求我跟他這麼做，他示範一下動作，要求我跟著做一次，通過檢核，方准放行。

入夏以來，溫度迅速飆高，室內悶熱得讓人受不了，向西的房子，有如火爐一般燒烤；窩居家中，連穿一件無袖、薄如蟬翼的衣服，都顯得有點多餘，整個人跟著暈眩，老是天旋地轉，消暑的最佳方式就是把整個人埋入只有十八度C，冰鎮、冷冽的寒溪之中。

大樹密布，陰森蓊鬱的森林，離家不算太遠，大約只需一小時車程，就可以幸福的吮吸到甜甜帶著花香味的負離子；曼妙悠遊於眼耳鼻舌身之間，在鼻腦之際晃動，有提神之效。淙淙的流水，時而幽幽，時而激揚，我們一群相交十多年的老友，年年遊走於加走寮、崆峒、桶後等溪流之間，佯裝流魚，在溪流中載浮載沉，快樂一夏。森林裡的流水，水質澄澈，山水美景渾然天成，鑲嵌時間符碼，動輒千萬年，凝聚虛實的巨岩插入水中，倒影成詩，芬多精發散，直逼腦門，人煙罕至，更得以偷得浮生半日閒。

參天的樹，啁啾鳴唱的鳥兒，飛舞的蜻蜓，斑斕的蝴蝶；時而涓涓、時而狂放的流水，讓人卸下心防，徜徉在青綠之界，我則喜歡在溯溪時沉默不語，聆聽紅塵之外的梵音清唱。

自備食物，玩累了，各自選擇一處私屬聖地，坐定下來，配合大地音律，潺潺水流，騷蟬嘶鳴，一聲破空而出的蒼鷹低語。浪漫用餐，真是幸福，因為沒有人可以坐在嘩嘩流過的潔淨長河中，把精心準備的食物，一口口化成養分，吞嚥而下，讓食物順著食道而下腸胃，快意漫遊。

午餐之後，意念迷濛，眼皮重了起來，許是周公遣人召喚，昏昏欲睡；兒子最是精明，悶不吭聲舉步涉入冰涼，躺於激流中突出的一粒巨岩上，闔上眼，讓夢與意象交疊，在激流奔騰嗚咽中修行廣長舌禪，兒子聽著聽著竟打出規律的鼾聲，長長一小時，得了許多開悟。

當天下午有約，我只能享受半天溫存，向友人們告假，攜子先行下山。

有兩條路可供選擇，一條是山路，另一條是原來的水路，山路近多了，我們選了它，卻因而誤上賊船，闖出意外的邂逅。

我根本不知道年久失修的山路早已柔腸寸斷，冒險攀爬上六十度角的斜坡，眼前的景象令人吃驚；放眼望去，斷崖殘壁，最深處有十多米落差，稍一失足，可不得了，我佯裝鎮定，氣沉丹田，大呼一聲：走吧。

千瘡百孔的破碎山徑，一個接一個的大窟窿橫陳擋道，我探了探頭，幽幽深淵見不著底，只能危危顫顫攀附突起的樹根，一步步、小心翼翼的爬行而過；下腳處，必須暗自量量長寬，立於一粒突出的石塊之上，再下腳，有時兩根樹根，與我大步向前的直徑同寬，就得用力伸長，真是險象環生，好不容易兩人通過關卡，但已冒出一身冷汗。

「怕不怕？」

我語氣平和，卻是強裝的鎮定。

「有什麼好怕的！」

兒子彷彿船長指揮航向，並且職司保護我的安危，可是眼前的景狀險象環生，我哪敢讓小卒成先鋒？

兒子執意而為，一溜煙卡在前方，並且在第二道關卡前停下，要求我跟他這麼做，他示範一下動作，要求我跟著做一次，通過檢核，方准放行。

動作乾淨俐落，倒似練家子，我索性讓他表現，毫不遲疑的跟著他緩步前進；只是心中的懼怕從未消散，走沒幾步，眼前又是一段斷崖，我倒抽一口氣，口誦阿彌陀佛，心想萬一不慎滑了下去，可是會要人命的。

我怯步，本能後退，兒子勉強擠出笑容，他說：「不危險的」，事實上，早已進退維谷，根本不可能折回溪谷，只好硬著頭皮前行，依著樹根，一步一步來，在懸空處找著立足點，慢吞吞移向對面。

正當腦袋快速運轉，思緒飛馳時，一個踉蹌失去重心，抓穩的樹根被我硬生生扯了下來，半個身體騰空擺盪，任憑我怎麼使力也搆不著地，牢抓著樹根的手，開始因為乏力有些鬆脫；兒子找著一截木頭，惜差半寸，好幾回差一點抓住，卻都徒勞無功，正當我快氣力放盡時，兒子奮力搆住大樹，身體向前延展，用手擒住我的衣角使勁拉了過去，我順勢攀住另一個大樹根，化險為夷，逃過一劫。

「小心，小心！」

兒子嚇了一大跳，卻又處變不驚照應我，細心提點我如何做好每一個動作，並且囑我老了不要太逞強。

就這樣，一對父子，在荒郊野外，叫天不應叫地不靈之處，為了一條回家的路，與生死相搏，想來還真可憐，即使怕徹心扉，也只能果敢向前。

陷阱沿途設下，原本只有咫尺的路，竟成天涯，彷彿無止境的不歸路，或者有如迷津，一直停在原處打轉。

兒子發現我的緊張，再度安慰：「馬上到了！」嘿，這話不是應該由我來說的嗎？怎麼換成一個小孩，禪僧似的用溫柔的話語安頓我，我點點頭，示意撐得住，他才放心。

野徑的景致優美，微風從樹梢滑落，穿過細胞中的每一處微小粒子，淡淡的草香中夾著檸檬味的氣流；雖說可以懾住因畏懼而產生的小鹿亂撞，卻無暇欣賞，我只盼帶著兒子脫險早歸，大約花了一個多小時，終於掙扎樹精靈的囚禁，回到停車處，可是雙腿早已不爭氣的癱軟，兒子倒是禪定，讓我驚覺他的大器，心想真是少年英雄。

可是一到家，見著媽媽，馬上洩了底，原形畢露，他驚駭莫名的告訴媽媽，怕死了，恐怖得不得了，可是為了保護我，只好硬充英雄。

真是難為他了。

可是早先一刻，他的的確確像一尊如假包換的辟支佛，在森林中庇護我的安危，自然圓成，度過關卡。

夜裡，那個嚇壞了的小孩，居然流露出卓別林式的幽默，悄聲邀功：

「無論如何，我還是救了爸爸一命。」

有感 偷偷抽一根，像拉開貧窮的門閂／苦澀的皮是父親的汗漬／甜膩的汁是我未長大的夢。——路寒袖．《五分車》

人間菩薩

爸爸與老人相差二輪歲數，情同親子，
用心照料很長一段時間，
媽媽的確不滿，鬧了家庭革命，
可是爸爸雲淡風清說：「他們更需要我。」

爸爸像尊人間菩薩，常不著痕跡供養陌生人，不求回報；媽媽覺得苦哈哈的，他卻樂在其中，做得很開心。

千金散盡還復來！

他對自己很省，能花的錢不多，對子女很吝嗇，堅持慾望不可以大過能力；可是對窮人卻慷慨解囊，直說錢是身外之物。

媽媽氣憤難抑，經常向舅舅哭訴。

舅舅偶爾會找爸爸促膝長談，即使酒過三巡滿口好好好，依舊未見改善，我行我素，做自己認為該做的事，抱著歡喜心。

老邁的幸福牌單車是他的坐騎，悄悄從倉庫裡牽出來便外出布施，即使上了油，依舊發出咿咿啞啞沉重怪音，嘎啦嘎啦的踩踏，往斜坡下方兩位孤苦老人——猴伯的家前進，送上新碾的米。

猴伯夫妻年近八十，相依為命，年輕時辛苦一輩子，有一點小錢，幾年來卻因為老病就醫，也花得差不多，有一頓沒一餐；門前一塊地向村人阿發借的，種些地瓜葉、紅鳳菜，川七隨意攀緣，蔬菜成了主食，偶爾養些雞鴨，很少自己吃，多半擺攤販售，換錢家用。

爸爸與老人相差二輪歲數，情同親子，用心照料很長一段時間，媽媽的確不滿，鬧了家庭革命，可是爸爸雲淡風清說：「他們更需要我。」

「這是什麼肖話？」

媽媽鬧起脾氣來，便口不擇言。

猴伯心地也很善良，是個友善的長者，把我當孫子看待，阮囊羞澀的他常常幫我準備吃的，少不更事的我，竟也大剌剌吃起來。

有一回，被爸爸得知我白吃白喝的惡習，痛罵我一頓，警告：「下不為例！」這

話是什麼意思？猜想應是不准我再去猴伯家光顧。

拜拜時有好吃的，倆老便能分得一點口福，我負責把祭品帶過去給他們，老人往往緊握我的手，久久不能自己，這個畫面我刻印極深，很難忘懷。

離老人家不遠處有一座埤塘，湧泉清澈，魚兒嬉游，孩子喜歡結伴在此嬉遊玩耍，游泳消暑，池子裡的魚兒肥大，是林家放養的。

這一天，悶熱得很，上空的烏雲說好似的，直往一個方向聚攏，西北雨蓄勢待發；本來約好放學後的遊戲臨時取消，直接返家，前腳剛跨進了門便覺得氣氛詭異，一群大人抽著煙，大口大口吐出，在空氣裡盤旋，竄升上去，有人仰頭，有人低頭，沒有多作聲的，座上的有猴伯與林家的人。

我躡手躡腳走到後院，卻又好奇折回，隱身簾子後，終於聽見發生什麼事；猴伯偷魚被逮個正著，林家人怒不可抑的登門興師問罪，要父親給個公道。

老人家淚眼潸潸說道，老伴大病初癒，一直沒魚沒腥，想替她補一補，可是沒錢，唯一可以想得到的，只有池子裡的大肥魚。

無論猴伯如何解釋，林家人仍不肯善罷甘休，要求賠償，猴伯家的經濟捉襟見肘早非祕密；爸爸輕嘆一口氣，並未多說，便把賠錢的事攬到自己身上，從雜貨店的抽屜，一個我所不知的私房財富藏匿處取出一筆錢交給林家，他們才悻悻然離開，他又拿出一筆錢給猴伯要他去買點好吃的。

「不要客氣，有什麼需要來找我！」

有如定心丸的一句話，猴伯感激不已，早淚糊了，拉著爸爸衣角，直說謝謝；林家後來過意不去，向爸爸賠了不是，並且退回款項，一起加入幫助猴伯的行列。

席勒說：「人生如果少了愛，就沒有什麼價值了！」

書中關於名人雋語的動人語錄，爸爸肯定沒有讀過，但卻做得最好，那是他的信仰吧，相信有能力助人的人本身就是幸福者。

有感 何時能反哺，供養白頭烏。——白居易．《阿崔》

椰香的滋味

我差點忘了說，這些孩子各自只有八歲、十歲與十一歲，卻已能舉棋擺譜皆有味。
身教應該是他們的魔法，
夫妻倆只是以身作則，示範許多為人處事的義理，
善解人意的心思，讓孩子們心領神會。

這個家在我看來，給孩子準備了兩張試卷，一張考知識、一張考人生，知識的只有一百分，人生的有一萬分，他們更在乎傳授給孩子人生義理。

相貌斯文的主人，一見到我便喜孜孜的把我引進門，手握一把短刀，彷若五品帶刀護衛；我們在一棵矮小的椰子樹下定住，頭上一尺便是垂涎欲滴的泰國香椰，原來刀是用來割取椰子的。

盛夏的午後，香甜的液體，經過口、舌、喉，慢慢滑入胃裡，味道好極了，最後主人貼心取出椰肉，滑嫩如布丁。

這是我遠行馬來西亞演講的其中一站，偷得浮生半日閒，得到一趟驚奇邂逅，美妙的見面禮。

三個落落大方的孩子負責接待，很有教養、禮數周到，孩子當我如上賓，一前一後，用心服侍，禮數掛在嘴邊。

「需要什麼？」

「我們能做些什麼？」

晚餐之前，孩子偷偷探知我喜歡綠意山水，一家人特別繞了遠路，到近郊的自然保育區，讓甜甜回甘的芬多精替我洗塵；潺潺的溪流，從樹洞滑出，水質清澈，我忍不住誘惑，掬了一瓢，輕輕潑在臉上，沁涼的感覺浸染心脾肺，涼爽極了。

巧遇溪中一位原住民年輕人正在清洗機車，我們定睛看其表演，他賣力刷洗，並且回眸一笑；我們雖然不贊成在這麼美與純淨的地方，用這樣的方式汙染水質，但看見他善意帶笑的臉龐，便原諒了。

我很狐疑，入溪的斜坡約莫三十多度，他下得來，上得去嗎？我們果真料事如神，洗完機車的他，費力推上滑下、滑下推上，青筋暴露，滑稽極了；無論如何賣力，就是難以將車子移上斜坡，他坐困溪中，孩子眼見此景，帶頭幫忙，我在後頭跟著施力，嘶喊著：嘿喲、嘿喲。機車終於回到路上，我們擊掌歡呼，年輕人則尷尬一笑回謝。

山中有珍奇，我們沿路散步，偶爾發現，問我懂否？如果不懂，他們便會悉心解釋，因此我便裝得不懂，讓孩子有所表現。

當晚，我被帶到一家風味別具，氣氛良好的餐廳，孩子們很自然的一道道向我介紹，包括用料、特色與如何好吃等等，我有著賓至如歸的快意；孩子們幫我夾菜，示意我多吃，看著我夾菜就口的動作，才心滿意足的動口用餐。

我完全不知道，演講之前，還有這麼一段特別的，而且是意味深長，非常動人的邂逅，這樣的孩子到底是怎麼教的？

我差點忘了說，這些孩子各自只有八歲、十歲與十一歲，卻已能舉棋擺譜皆有味。

身教應該是他們的魔法，夫妻倆只是以身作則，示範許多為人處事的義理，善解人意的心思，讓孩子們心領神會。

他們送給孩子一分帶得走的禮物，而非虛假的成績、分數，利人與利己兩個角度的確不同。

一流與有用兩件事長期占據我的心靈，一流往往不必過多思辨，傳統告訴我們在課業上表現優秀的人便是一流者，我不同意這種說法，相信梵谷、莫內、達文西、貝多芬、海明威再令人驚嘆，卻也無力否認常人的價值觀；即使同意，我仍不得不思考這些人對社會的貢獻度，如果老師不利於學生，科學家不利於大眾，工程師偷工減料，法官違法亂紀，官員貪贓枉法，律師為壞人辯護，乍看之下是優異人才，反而成了社會敗類，有用嗎？

有用之人有時只是平凡者，但他們的存在卻有益於社會，如果人人有用，皆有一席之地，快意的演好自己，社會是否可因而祥和？

態度、高度、視野、遠見等等，是我的另一思考，擁有學歷者未必一併擁有態度，只是一旦少了態度，連同高度、遠度、深度也將一併化成烏有，這正是嚴長壽先生以為態度的重要性，的確，相人術絕非看學歷，而是看為人處事的微小義理吧。

塞繆爾．巴勒特說：「應該先做小事，而非先做大事，就如同債務一樣，先還小額的，再還鉅額的，或者應該先考慮仁慈，再考量真理。」

這話是真的，我突兀想及選美，應該先選心美？或者只考慮人美呢？

有感

春有百花秋有月，夏有涼風冬有雪，若無閒事掛心頭，便是人間好時節。

——慧開禪師

種夢的人

宏達電基金會偏鄉造夢計畫，
我便在行與不行間舉棋思考良久，
左右為難之間，喝到迷湯，
說聽眾如何翹首期待，終於點頭答應；意義是成行的理由，
有些地方沒有我去則少有人去，成行就宛如種夢。

父親用一生形塑出來的人生哲學，大約神似無欲則剛、不為五斗米折腰，金錢這東西頂多是生活的媒介，美好的橋樑。

錢是萬能！這個謬論我也有過，因而陷在錢坑之中多時，終日為它奔波忙碌，直到身體欠安，出現零星狀況，轉輪無法運行，方才理解有錢沒命有何意義，現在更懂得為樂趣而工作，累了即休的義理。

老化隨著歲月日益加劇，長途跋涉確已不太合適，即使老驥伏櫪也無力志在千里；我心知肚明，偏鄉不可行，但卻往往難行而行。

宏達電基金會偏鄉造夢計畫，我便在行與不行間舉棋思考良久，左右為難之間，喝到迷湯，說聽眾如何翹首期待，終於點頭答應；意義是成行的理由，有些地方去與不去一樣，有些地方沒有我去則少有人去，成行就宛如種夢。

即使如此，花蓮玉里仍是千里迢迢，來回十五小時，簡直可用翻山越嶺形容，我一度擔憂體力不濟，使得美好因緣事倍功半。

美事尚未成就，震撼教育提前上演，當天有萬安演習，人車淨空，離飛機起飛不及一小時，我被攔下動彈不得，主辦者急如熱鍋上的螞蟻，我從中嗅聞到誠意與專業；透過手機，我們密集聯絡，心中助念、膜拜、禱告，終於獲得首肯，讓飛機停在坪中等我五分鐘，逾時不候，計程車特意幫忙，飛車抵達，安全上機。

本該夢周公的時間，我特別請假，遠離睡神，但得氣聚丹田提神，方可說得口沫橫飛，聽眾聽得入神，許是故事過於感人，讓很多人哭了。

這場演講特別講述很多小故事，有些是剛體驗、有些是觸動友人心弦轉述，全都帶著酸味，發酵中；也許未有陳年久釀的老味道，卻有新烘焙的鮮活，如針如刺，悄悄入了心靈。

講座結束，簽名會上檔，結束後夜已然深，飢腸轆轆的我受邀吃了夜宵，臭豆腐

是他們推薦的佳餚，臭中飄著草香，分外特別；燒仙草有味，吃得口齒留香。

那一晚，夜宿玉里，原本以為是鎮上的一間小旅館，睡飽隔日便出發返家，未料安排如此精心，讓我宿上當地極有口碑的「紐澳華溫泉山莊」，主人很貼心，把應交代的事說明一遍，便退出房門；囑我泡完消除疲勞的硫化氫鈉碳酸泉後，就可閉上眼，好好睡上一覺，平時出遠門並不易睡的我，那一夜出奇好睡，我猜是枕頭符合我的高度，溫泉打通任督二脈的作用。

隔日一早，我約莫五點醒來，才發現主人刻意替我保留的房間既寬敞又亮，十足用心，挑高至少四米，檜木的香氣溢流，木屋建築清爽宜人，原石架構的浴池讓人舒服躺臥，沉浸其中舒服極了。

打開窗簾，望見一片延展的綠，明媚風光在眼前一覽無遺，我在房裡做做暖身操，六點不到，躡手躡腳走出房門，呼吸一口極新鮮的空氣，便踩踏在溢滿野草的芬芳，飄散芬多精香氣的山徑之中，早起的鳥兒一路伴著鳴唱啁啾，好不熱鬧。

山莊滿植茶樹，可惜住宿當天茶花已謝，幽香不在，只有在主人生產的茶樹精油中，保存其味。

我隨意浪行一小時，得到預期之外的快意，返回民宿早已滿頭大汗，巧遇正在溜

狗的民宿主人，囑我快快用餐。

早餐清淡宜人，那是我喜歡的口味，地瓜稀飯是慢火熬煮，有機蔬菜、現摘野菜，甘甜有味，則是主人出自愛心向附近一位老先生購得。

這種心境我可以理解，我返回宜蘭老家也常如此，刻意買些擺在路旁販售，年紀看來極大的老人家的菜，返回台北再分贈好友鄰居，那是少少錢，但同樣有著大大的愛。

淺識的我，並不知夜裡所泡的安通溫泉如此有名，可以追溯至日治時代，泉質色澤近乎透明並富含礦物質，因含有硫化物成分，而略帶硫磺味但可飲用，一聽如是，清晨泡一回，優質的湯泉至今難忘。

許是起心動念的善心善行，得到善知識們的加持，每每遠行開講，總有出其不意的回饋，讓我疲憊的行旅中，得到美妙的安頓，即使過程苦了點，但結果甘甜，這就夠了，也許未來還是會抗拒這麼遠的演講旅程，但是想想美好結果……

我猜，依舊會答應的。

畢竟有很多人在等著我開講咧。

哈，自己亂想的啦。

有感 到處隨緣延歲月，終身安分度時光。——憨山大師．《醒世歌》

善行千里

雲水僧如我，沿途歡喜布施人文，
把教育想望和人生義理，傳播出去，
每每夜裡，沐浴更衣入睡，想起當下那些聽眾滿足的笑容，
一切疲憊皆被忽略，
這應該就是價值。

下了講台，聽眾微笑的急問：「風塵僕僕到馬來西亞演講，累嗎？」我想及老子之言：千里之行，始於足下。

一步方有一腳印，事實上很多夢想，都是這樣開始的，但怎會不累？

這趟遙遠的旅程，飄洋過海，在高空中飛行數千公里，白雲翼下，四個半小時才抵達；辛苦絕對難免，尤其年紀日漸增長，早已不適合舟車勞頓的旅程，定點最宜，只是下了機，一站接一站開講，天天披星戴月，開車四、五小時是常有的事，終至疲憊不堪。

我一路前行，不知目的地在何方？

深入偏鄉，進到荒野，價值戰勝了價格，如此彷彿二千公里長征，體力耗去四倍，薪水只有二分之一，幸而回味無窮；至少在我相片的檔案匣中，最夢幻的景色，多半來自馬來西亞的山林，我常這麼提醒自己，遠行有人付錢，還有講師費可拿，可真是幸福之人啊，雖說這種講法的確阿Q，卻是最美的程式。

雲水僧如我，沿途歡喜布施人文，把最美的、最有道理的教育想望和人生義理，傳播出去；每每夜裡，沐浴更衣入睡，想起當下那些聽眾滿足的笑容，一切疲憊皆被忽略，這應該就是價值。

價格很簡單，一便是一，價值就無法估量，有時候一是百、是千、是萬，甚或無窮；我惜福感恩著，歐美教育之所以令我動容便是，他們讓孩子明白，能夠賺得錢的人都是幸福，但不必執迷擁有，把錢花在更需要的人身上，錢更有妙用，教我的人是父親，我替他傳播善念。

巴菲特用善心教育子女，他的兒女全學會自食其力，個個有所成就，並且懂得布施，統統有了自己的基金會，把所得之財，回饋一部分給社會，這是大愛，人生之中最溫柔的美好，我因而想起一段話，黃金非寶書是實，萬念皆空善不空。

馬來西亞友人駱淑慧小姐與張緒、莊秀玲夫婦合組而成的「社區關懷工作室」是行動的發起人，他們都非有錢人，偏鄉工作往往吃力不討好，必須費盡唇舌，用力說服一些單位參與，出錢出力，方可成就我的遠行；他們的真情引動蟄伏於心的善念，我幾乎不假思索便答應邀約，陪著他們載著夢下鄉，一站走過一站，法施開示，他們一度擔心，如此荒涼不毛之地，我會不悅，那會呢？越是乏人問津之處，越是我的開講之地，夢的聚所。

其實我心中一再惦記的，並非旅程辛苦，而是路途上的開銷，邀請我去的費用、工作人員的膳食、旅店支出，便不由自主擔心錢從何處來？他們藏著不說，我卻心知肚明，旋乾轉坤的收入取決於訂購自台灣、滿滿的、成車的，被他們命名為《游乾桂作品集》的書籍，它們被裝進貨倉中，用船緩速行駛，經由水路，慢行一洋之隔的妙地，賣了有錢，不賣會賠；而賣不賣的決定者可能是我，只要我的演講優質，就可帶動買氣，我不動聲色賣力演出，努力銷貨，替他們攢得一些得之不易的書款。

他們發現了，並且感動，但不免捏一把冷汗，憂心我是否撐得住行旅匆匆的奔波，哎，兩肋插刀是我的個性呀。

我像俠，一直如是，喜歡仗義直言，李白是我的偶像，但非止於詩的李白，更多是俠的李白，想像文人當如是吧。這些懷抱大夢的人，清一色全是年輕人，老的只有三十多歲，年輕的工作人員皆二十開外，卻懷抱大願，盼著以書開智，解人迷惑，千里之行，他們都不喊苦，我何以置身度外，喊累？

與其說，我去馬來西亞是演講，不如當成善行千里更合適，把美好的觀念當成種籽一一種下；我算師父，引人進門，大夥全是修行人，但修行在個人。

他們預約下一趟旅程，我明明知道答應會後悔，卻一口允諾，因為我記得華茲華斯的一段話：一個人的一生最重要的一個部分是他那細小的、無名的、不為人知的善念善行。

是的，我珍惜的不是炫目的知名度，新書的排行榜，是否住得起華廈，口袋充盈否，而是那細小的、無名的貼心，而它，我記得的，那是父親不著痕跡散發出來的家教，我拾得了，樂於轉贈給人。

有感 橫眉冷對千夫指，俯首甘為孺子牛。——魯迅

Part 3
先行，用身教復刻美好連結

做人第一，學問第二是孔子說教育時的基石，也是我所依的信條，可是令我有些百味雜陳的是，很少人據此而為，善心人真是不多。我開始反思讀書與生活間的差異？

讀書可能只得一百分，可是真實的生活所需要的元素卻是一萬分！

兒女讓我最自豪的並非傲人的成績，出色的表現，像領頭羊在岩石上傲骨嶙峋；而是隨處可見，令人動容的慈悲。

記得一天清晨，女兒開心與我分享心情，她說下班回來時，看見機車道上有一隻慢行的蝸牛，像個悠閒者，一步一腳印爬著，她擔心以牠的慢速，容易被火速通過的車子壓成蝸牛餅。

她停下腳步，小心翼翼拾起小蝸牛，護送過街，移入草叢，再開心返家，臉上寫著惦記；哇！這麼慈悲，單單這件事已勝造七級浮屠。

一流與有用？最近常常被我提出來辨證，我完全明晰，有用勝過一流，一流者只是智育的贏家，但一個有用者必須兼備德、體、群、美等。

有用者一多社會才會祥和，單單一流是無用的，蓋了房子，想的是他人口袋裡的銀兩，一般人得花七生七世方可償還，居住不正義正是悲歌。

曾在我的作文簿寫上特優的李老師，知名度並不響亮，或者只是沒沒無名，但他的一句話卻是我一生的厚禮，這樣的人物可以在每一個角落給人向上的力量，如是便是有用之人。

張小燕小姐是個知名人物，但她最有用的是樂於助人，很多同行受過她的恩澤，導演林育賢拍《六號出口》時，期間資金出現缺口，她挹注二百萬元；李烈拍《囧男孩》時也短缺過六十萬元，她馬上拿出八十萬，魏德聖拍《賽德克・巴萊》時，她也是幕後天使，我猜想這一定非她愛心事蹟中的全部，僅僅一部分，她經常掛在口中是：「莫需錦上添花，但要雪中送炭」，她期許受過她幫助的人，以後遇上同樣情形，也可以有同理心幫助他人，如此雲淡風輕，極難，非有淡定的功夫不可。

賣有機豆腐的一對老夫婦，每個星期二都在同一地擺攤，生意特好，有了一些老顧客，各式各樣的豆腐，中午前便賣完；我喜歡攀談，老太太講過一句看似平常的哲理，許是兩夫婦奉行的道理：「讓別人吃進肚子裡的，一定要注意。」

有機豆腐在他們看來應該不止是生意，還有善念，希望客人吃了平安。

我後來也成了星期二俱樂部的會員，買一斤安心的好豆腐。

他們一定沒有高傲的學歷，卻有一張令人放心的臉。

市場的另一角，一群人大排長龍望穿秋水等待老闆出現的，是一家甘蔗雞店，這種店在市場中至少五家，唯獨這一家要排隊；等待店家從宜蘭湖東，飛車趕到，言明九點，往往得等到九點半或者九點四十，不是塞車之故，是主人要求入味的火候，他想給客人的不只是一隻雞，而是一種誠意：「要賺錢，但要賺得有良心。」

這是小人物世界裡的大學問！

我向他買魚多年的年輕人，而今已入了中年，成為主顧的理由，是他的真心。他會告訴我那些是深海魚，哪些魚出自何處，汙染比較少，或者現在正盛產哪些魚，價格便宜；如果遇上垂釣的、生鮮的、值得一吃的，他會大力推介，他形容自己的生意經：「做信用的，才能做一世。」

我明白他的意思，他希望人人成為他一輩子的客人，而非買了就跑，四處說你壞話的人。

看似生意經，事實上更是慈悲心，他把賺得心安理得看得很重，每一分每一毫的錢都是勞力所獲。

做人第一，學問第二是孔子說教育時的基石，也是我所依的信條，可是令我有些百味雜陳的是，很少人據此而為，善心人真是不多。

我開始反思讀書與生活間的差異？

讀書可能只得一百分，可是真實的生活所需要的元素卻是一萬分！

只是一百分的迷宮，人們迷失久矣，以為一張試卷，一種公開的儀式，想像的公平主義，得滿分者便被叫菁英，集合起來的學校叫明星學校，而這些孩子竟也相信自己是佼佼者，學著井底之蛙與螳臂擋車的自大。

直至有一天，年過半百，終於有人明白（多數人可能仍不明白），考試好小，人生好大，只有一百分的人，即使找著好工作，因而腰纏萬貫，依舊演不好一萬分的人生。

學習其實很單純，如同《論語》所言，這聽來比較像是一種熱情與持續不斷的努力，教育該送如是厚禮，讓學習變得有動力，即使前方短暫疑無路，卻相信柳暗花明又一村。

工作辛苦，賺錢不易，這是真理！所以該有美好的出處，優雅的生活，這樣才是習得一技之長的目的，人生如詩的願景。

役於物與役物兩件事根本不同，被錢奴役的人一百分、奴役錢的人則是一萬分，利己者一百分，懂得利人之人則是一萬分。

我猜兩者之間的差別有天涯之遙。

一件小事

天色昏黑的早晨，醉漢無人照應，
難保不會被車子撞上，地上還有筆錢，
也許是醉漢一個月的薪水，可能會不翼而飛，
可是我得守護到什麼時候呢？
魯迅的〈一件小事〉闖了進來，也許這只是我的一件小事，
卻是醉漢的一件大事……

魯迅寫過很多膾炙人口的文章，最知名的當是〈阿Q正傳〉、〈孔乙己〉等，而我卻對〈一件小事〉這篇短文留下最深的印象，文章提及民國六年在北京的風雪天遇見的一件小事。

他雇了一輛黃包車在浮塵刮淨的大道上奔馳，車子通過時，一位有了年紀的婆婆不幸倒下；她的頭髮花白，衣服破爛，因為勾住車子，栽了一個大觔斗，滿臉是血，車夫停了下來，扶住婆婆，問她有事否？

魯迅怪他多事，怕會惹出是非，可是車夫不理，逕自把老婆婆扶到警察所，不一會兒，巡警走出來告訴他，車夫要留下來協助老婆婆，叫他自己雇車回去，不用錢。

他突然覺得自己剛剛的小人心思實在渺小，而車夫的身影突然高大起來，便從口袋中抓出一大把的銅錢，要巡警交給車夫……

這篇文章不長，但給我很深的印象，長久影響我。

我在馬來西亞演講，佇足吉隆坡時，巧遇類似的事件，很快就有了明確的決定。

這一次長征，近半個月，跋山涉水一千八百公里以上，深入偏鄉，這才發現體力已不如昔，還好我平常有運動的習慣，尚可負荷，為了保持最佳狀態，我決定天天早起跑步；穿上從台北帶到遠方異地的球鞋，從旅館出發，慢速往附近體育館方向前進，即使已經六點，天還是黑濛濛，這種時間出來運動，讓主辦單位擔心極了，他們知道附近聚集很多不速之客，要錢的、打劫的、吸毒的，全在那裡盤踞，萬一遇上了，他們怕我無法處理。

真的要運動？

他們希望天亮再說。

只是吉隆坡的夜實在太長，七點多方才出現第一道亮光，我五點便已起床活動，實在難以忍受，依舊執意而行，但是允諾會小心。

這一天，天空飄著微雨，我先是急行，再來慢跑，轉了一個彎，便離開水泥叢林，一腳跨入綠樹參天的密林之中，甜甜的芬多精，完全可以吸到，負離子在周身遊蕩，整個人立刻舒活起來。

我的晨運總是沒有目的地，預計隨意慢跑半小時，揮汗淋漓，登上山頂的體育館，那裡的視野極佳，能夠瞭望整座吉隆坡城，天色猶黑，偶遇的人極少，我得以不受拘束的吸了幾口新鮮空氣，拉拉筋，做做伸展操，血氣因而暢流，再慢行下山；半路中，眼尖發現，昏暗中有個搖搖晃晃的身影徘徊於路中央，車子擦身而過，險象環生，嚇得急鳴喇叭，看來那是一位徹夜酩酊的醉漢。

我問他是否需要幫忙？他連頭都沒抬，直挺挺立於路中央，彷彿睡了。

地上散落一堆鈔票，沒有意外的話，許是醉漢的。

我用盡吃奶的力氣，試圖把他拉到路旁，他突然張開眼睛，用我聽不懂的馬來話喝斥我，從表情上猜測可能是：「少煩我，你滾開。」

我天人交戰著，出現魯迅式的矛盾，如果不想多事，離開是最好的方法，但天色昏黑的早晨，無人照應，難保不會被車子撞上，地上還有筆相當於一萬台幣的錢，也許是醉漢一個月的薪水，可能會不翼而飛，可是我得守護到什麼時候呢？

魯迅的〈一件小事〉闖了進來，也許這只是我的一件小事，卻是醉漢的一件大事，我有責守護，我離他一公尺左右，站在安全的人行道上，拾起一根樹枝，當成指揮棒，用力揮舞，提醒來往的車輛減慢速度；昏黃的色調慢慢化開成魚肚白，終於等到一輛路過巡邏的警車，我把醉漢的事告知他們並且委由他們處理，交代完畢，如釋重負，身輕如燕。

微雨停了，陽光露臉，街燈依舊亮著，我緩步前行，一面想著，慶幸自己在意這件小事，醉漢得以保住那些錢，而我也不至於像魯迅一樣，心有懸念，一直耿耿於懷，時時苦痛，恨自己讀了很多〈子曰〉，卻只有知道，沒有做到。

回到旅店，我早已汗流浹背，接下來還得趕赴電台接受專訪，我沐浴更衣，歡喜走出房門，當我把這件小事告訴主辦者時，他們起初嚇了一跳，繼之幽默的在臉上劃了三條線，表示怕極了。

但也佩服我的大膽。

我知道，而且做到，心動，更有行動，這是我最開心的事。

也許人生一場，大事真的不多吧，大約全是小事，但是積累這些小事，應該就是大事了。

有感 仰不愧於天，俯不怍於人。——《孟子．盡心上》

只陪一程

陪你一程？
富含哲思的語彙，意外啟動我的人生思考，
人與人之間不就是各自的配角與插曲嗎？曲終就會人散。
陪一程，一個轉身，
緣盡情了，各自往自己的人生方向。

西北雨狂暴而落的那天，我趁著冬季尚未封凍，拜訪年逾六十，遠走紅塵，享受山居歲月的友人；一路顛簸，傍晚時在一間被他在信中形容成豪宅，實際上是竹影下一幢好窄的三合院小屋停下，老友已在廣場久候多時，露出暢笑張手歡迎。

冬夜來得很快，不一會兒昏黃被暮色染黑，暗了下來。

雨過天晴，夜裡的星星全晶亮開來，微風下我們天南地北聊著，我漸次理解他的心境轉折，一度被錢制約，以為非錢不可，沒錢怎麼活的他，而今洗盡鉛華，即使露宿餐風想來未必不行。

入山之前，他是商場掮客，辦公室氣派非凡，原木長桌有數尺之長，幾個人或十多個人排一整排飲茶都綽綽有餘；而今老僧入定，像個化外神仙，即使仍有書房，但已非長桌，而是一張寒酸，只容得下一盞燈、一杯水、一本書的小學生桌子，這個彎度極大的變化來自一場大病，生死關上走一回，大徹大悟。

晚餐不再是山珍海味這一類的佳餚，而是隨手摘取的野菜，放山雞下的蛋，山中小湖釣起來的魚，口味淡了些但清香別具，老莊入了題，孔孟醍了味。

老友的確慨然，有些事本不該遲到，但我們卻未必把握，因而縱放美好，直到人生路盡才驀然醒來，再說後悔。

何時入夢，我早忘了，但他的叮囑「把握當下」繽紛入夢，醒來已近中午，用過午餐，告別朋友。

他說：「我陪你一程。」

我出手攔他：「終需一別，就不必了。」

「就是必須一別，才要多此一舉。」

他執意相伴，走上一程，向我揮揮手，珍重道別。

陪你一程？

富含哲思的語彙，意外啟動我的人生思考，人與人之間不就是各自的配角與插曲嗎？曲終就會人散。

陪一程，一個轉身，緣盡情了，各自往自己的人生方向。

多數人老以為兒女會陪我們一生，事實上他們的人生被學習、戀愛、結婚、育兒占滿所有光華，我們孤獨走盡，只剩送那最後一程。

永永遠遠本身就是騙局，根本沒有永恆這件事，父親在我大學畢業，我正有為，準備與他重塑親子關係時，他就先行離去，我只陪過他短短一程；媽媽早老了，年逾九十，我們能再當母子的時間當是不長，還能陪多久？

很有情義的知心好友，曾經歃血為盟似的，允諾一輩子，可是曾幾何時，皆因忙著，一年難得見上幾回，即使遇上了也言不及義；匆匆復匆匆，再過幾年，不是他先離開，就是我先走一步，抑或被病痛纏身，無力再見，原來人生交錯也只是一程。

只有一程，所以我明白，孩子不是附屬品，而是夥伴，我只能在僅有的交會中送上一分人生厚禮，我給了一根釣竿，不給一條魚。

只有一程，我不敢奢望孩子永遠留在身旁，他們有自己的地圖等待彩繪，我們雖是夕陽，仍可無限好。

只有一程，想念便好。

美國作家約翰遜在《冬天》裡的一段話，友人抄在一張書籤上送我典藏：「抓住轉眼即逝的時光吧，在它飛逝之前，珍惜一切。」

這也許是只有一程最美的註解吧。

有感

桃花潭水深千尺，不及汪倫送我情。——李白．《贈汪倫》

溯源之旅

修佛的她，在同修提醒下向養母懺悔，只是來得遲了些，
養母嚴重失憶，這些恩怨情愁早隨幻化的記憶，灰飛煙滅；
這樣反而好，難過與悲傷風逝，
留住的只有人間美好，失憶成了再生。

鮭魚返鄉的壯觀畫面，夾帶一絲淒美動人的故事，親眼目睹，永生難忘。

牠們從海河交界處，憑著幼年時對氣味、河水溫度，以及環境的記憶，進入內陸河道後，再展開逆流而上的漫長返鄉旅程。

從海洋進入河道的那一刻起，鮭魚不再進食，隨著停留水中的時間增長，表皮越來越紅，遇到激流處必須奮力跳躍，逢淺灘還要用腹部磨擦河床通過；直到抵達出生地，母鮭魚和公鮭魚會在河床石縫完成交配、產卵，之後便因為體力透支、脂肪耗盡擱淺岸邊瀟灑而亡，最後成為候鳥的食物，剩餘部分逐漸被水中微生物分解，形成孕育小鮭魚的養分，促進自然森林生態循環。

喜兒坐在電視機前欣賞「國家地理頻道」播出鮭魚生態影片，不由自主聯想起自己的養女身世，她想像鮭魚般有朝一日找著原鄉。

長大成人後的喜兒對養育多年的養母，添了怨懟，少了感恩，覺得自己只是被使喚的奴隸，事實上養父早逝，養母對她視如己出。

先生招贅後，老邁的養母與她同住，她雖盡孝但未盡心，倆人常有摩擦，甚或因而說了氣話：「親生的比較好，怎麼不去那裡住？」惹得養母火冒三丈負氣離家。

年年歲歲花相似，歲歲年年人不同，隨著老化，養母的記憶力與精神也起變化，常常疑神疑鬼，嚷著有人下毒，有人偷她花衣裳，有人取走她的皮包，被懷疑者便是喜兒，這讓僵硬的關係，再添一筆仇恨。

喜兒升格當了婆婆，際遇大轉彎，她對養母說過的重話，媳婦有如影印機一般一字不漏複製，如出一轍脫口而出，只是改成：「你幹嘛不在老大家多住幾天？」

她聽得涕泗縱橫，心裡揪著，心想報應啊，心灰意冷，視到訪老二家為畏途。

偶爾抽空探訪兒孫，臉色沒少過，總一覺未醒的媳婦，會在餐桌上留紙一張指令，使喚她去買名目清楚的早餐，但常因買錯而挨轟，喜兒心想白紙黑字哪會弄錯，

莫非故意找碴？

心力交瘁下的喜兒染患重病，住進醫院，逐日失智的老媽媽在病床前不眠不休照料月餘，熬湯補身體，得空時還四處拜佛，求神問卜允下承諾，只要女兒身體回安，她將搬戲酬謝，喜兒方才明白養母的好，失聲啜泣。

被人頂撞詆毀的感受，喜兒明白真是不好受，當年的她比起現在的媳婦則有過之，養母怎麼受得了？

這期間她託人找到自己的原生家庭，發現與她差異極大，兄弟姐妹的兒女未必受過什麼教育，打零工度日，少有人與她的子女一樣，通通大學畢業，當了老師教授，如說這非養父母所賜，實在說不過去。

修佛的她，在同修提醒下向養母懺悔，只是來得遲了些，養母嚴重失憶，這些恩怨情愁早隨幻化的記憶，灰飛煙滅；這樣反而好，難過與悲傷風逝，留住的只有人間美好，失憶成了再生。

喜兒請求養母原諒，養母只顧著笑開懷，直說沒事沒事，摸摸她的頭，直說：「別騙我了，喜兒對我最好了」，有人跟她提起兒子也有來，她竟一臉狐疑：「亂講！我什麼時候有兒子呀。」

原來在養母心目中，她的位置是最重要的。

想到這裡，眼淚早已不聽使喚，潸潸滑下。

有感 子曰：色難。有事，弟子服其勞，有酒食，先生饌，曾是以為孝乎？

——《論語．為政》

一小時的智慧課

老人依舊有怨，他略帶哀傷提及教育子女是他人生中最差的一項，
以致老來徒傷悲，年輕時太忙了，
疏忽與兒女建立情感，而今形同陌路；
他收拾原本燦爛的笑容，嘆了一口長長的氣：
「我都快八十歲了。」

白得發亮的頭髮，閃著晶瑩剔透的光，很容易一眼就注意到，那是一位身手敏捷的老者，在機場的接機處快速來回走動，守候下機的旅客，詢問與他擦身而過的每一個人，是否想搭他的車子返家，我正巧出關與他的眼神有了交會。

這一趟去國多時，拖著一身疲憊歸來，心有懸念，急如星火，非常想家，很想躍上計程車一口氣到家，他敏銳窺知我的心情，一個箭步上來，問我要搭車否？

這時我才能仔仔細細端詳這個老人，看來有些年紀，但猜不出來歲數。頭髮比想像中花白，帶著雪的顏色，發出一種奇異的光芒，很好看，他的笑有些靦腆，靜默立

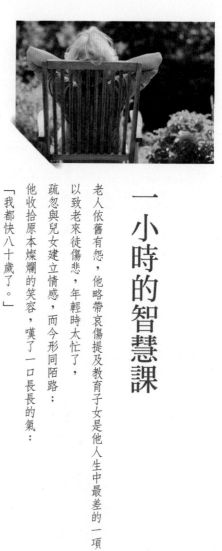

於一旁，等待我的答案，我並未多做思考，便答應了。

這是我的慣性，家人全知道，我無法抵擋一個有如父親形象的老人家要求，很容易因為思念父親而做出所有不可思議的舉措，他開心極了，伸手一把抓起我的沉重行李，健步如飛走出大門。

我一路尾隨，氣喘吁吁差點跟不上老人家，心想是他體力太好？還是這幾天來的長途旅程，費心講座，把體力變差了？

他把我引導到一處慣常載客的據點，停了下來，踮起腳跟，眼巴巴張望，彷彿在等車，原來載客者不是他，而是另有其人？我與他尷尬立於大客車招呼站附近的一個角落，完全不知下一步會如何？真有一輛傳說中的計程車會依約到來嗎？會不會這是一個圈套，我將被載往一處祕密地點，成了待宰羔羊？

時間分秒流逝，我的焦慮化成不安，不得不問，情況如何？他一臉歉意，自顧自猜測幾個理由，塞車？上一個客人的路途太遠，來不及回來？總之，車子根本沒來，他看出我開始有點想走人的意思，馬上做出決定。

「我載你！」

他再度拎起我的大包包，飛身跳上公車，我跟了上去，心想：「不是計程車嗎？」我的狐疑像一個大問號，來不及有答案便與他一起經歷一趟冒險之旅。

公車在霓虹燈閃爍的夜市奔馳，繞了幾個路口，老人家示意公車停下，他靈敏躍下，我不遑多讓，一個跨步也跟著下來，可是這麼折騰，早延遲了半小時；我歸心似箭呀，他往前走，在一輛難以形容其破舊程度的車前停下腳步，天啊，我看見傳說中，準備載我回家的交通工具？

真的不誇張，它絕對是一輛報廢車，可能有五十年的車齡，銀灰色的烤漆早現斑駁，露出咖啡底色，窗戶無法緊閉，開關全掉下來，門隨時可能解體，雨刷卡住，遮住駕駛一半視線，安全帶是手動的，必須用手抓住，才算安全，至於輪胎會不會開上路就飛了出去，便不得而知了。

可是我已不小心上了賊船，根本不知身陷何處？不坐，又能如何？

車子在小徑上穿梭，漆黑的路上根本沒有幾輛車，我確實擔心，不是應該上高速公路嗎？怎麼奔馳於荒涼鄉間，背脊不由自主發涼，覺得有些不祥，他的確是個老者，但是他的同夥可能是壯漢？也許有兩三個，我逃得了嗎？還好我正擔心時，車子一個轉彎，高速公路便在前方。

終於開上高速公路，我才慢慢鬆卸心防，老人很健談，話匣子一開，天南地北聊著，窗戶未關，風聲極大，根本很難聽清楚他的話；我彎身附耳過去，努力聽他夾在風中與呼嘯車聲中的每一句話，老人會英文、德文，與一點點俄語，我未問他什麼機緣使之成了語言通，但聽得出來他的確很博學，講述的內容則包括政治、經濟、交通，見解深入，彷彿一部台灣史，令我折服。

他對政治的論述一針見血，覺得政治家不難當，只有一味良方叫設身處地，替民著想，很簡單，所以很難，可惜私心惑人，利已不利人都非好人，他對民主搖頭，因為選舉花的錢太多了，有立委的競選經費花了兩億，他不要兩億回來嗎？才怪！

老人哈哈兩聲，意有所指說道，不是人人都有兩億能花喲。

經濟一事在他看來更簡單，年輕時當過公司主管，在越南待了十多年，他說生意沒有什麼訣竅，誠信最重要，讓人與你做生意，有利潤，能放心就行了，這個辦法看來微不足道，卻是縱橫商界多年，無往不利的處方。

別人看來是廢物的東西，商人就是可以看得出資源，他當年的公司就是處理越戰廢棄炮彈，因為彈頭中有三成黃金可以提煉；他說，聰明的人用腦筋賺錢，不聰明的才會死命用勞力。

我不久前才提出腦力經濟與勞力經濟的看法，原來他早有思考。

車子很快便抵達我家附近的交流道，轉彎處有一間學校，一輛公車擋住來路、橫陳街上，夜間部的學生魚貫上車；我們等了好久，他不慍不火開出改善處方，圍牆退兩公尺，讓出一個空間給公車，這樣交通就會順暢許多，畢竟公車載了很多這個學校的學生呀，互相互相啦，問題就能迎刃而解。

這個想法讓我感動，是啊，老者多有同理心，懂得設身處地，選他當交通部長，一定可以當得不錯。

即使一生光彩，點子奇多，精力充沛，老人依舊有怨，他略帶哀傷提及教育子女是他人生中最差的一項，以致老來徒傷悲，年輕時太忙了，疏忽與兒女建立情感，而今形同陌路；七個孩子之中，優秀的都在國外不理他了，陪他的卻遊手好閒，花的比賺得多，逼得他臨老入花叢，重出江湖攢錢養自己。此刻，他收拾原本燦爛的笑容，嘆了一口長長的氣：「我都快八十歲了。」

真看不出來，眼前的老司機竟是八旬老翁，也許他怕說出來我會害怕吧，直到我家路口才不小心流瀉而出；事實上，早知道的話，我還是會搭他的車吧，只因八十歲，實在讓人不捨他為了一頓飯而添了風霜。

臨下車前，他瞇著眼對我說：「真開心，有人願意搭我的車，聽我沿路講瘋

話！」嘿，我雖誤上賊船，但卻值得，至少聽得一些智慧之語。

我猜想，他的子女可能都嫌囉唆，不愛聽了？但我可愛聽得很，這一天，我足足在他的魔幻車上聽了一小時的智慧課，也許百味雜陳，有些傷感，卻添得幾許開示。

雙手奉上車資，我加上一百元小費，算是束脩，感謝他提供我寫作的靈感，按情按理，他應該分紅的。

有感 我們體貼老人，要像對待孩子一樣。——歌德

好人卡

這一刻，我正巧有個機會，不費吹灰之力演個儒俠，
不必長劍，只要一點私房小錢，
就能讓獄所中囚禁的一個人飽食一頓心靈餐點，
我很快做了最美的決定。

曲折離奇的颱風，在呂宋島附近來了記回馬槍，緩步移向東部海面，外圍環流引來間歇性狂風暴雨；我坐在書房靠窗的一角，喝茶觀雨，手機突然響起，號碼陌生，聲音不熟，說起話來危顫顫，心中不安，停了半晌，再度吞嚥了幾口水，輕咳幾聲，清清帶痰的喉嚨，正式表明身分，他是在某校聽我演講的一位讀者，書迷是也，清楚說出《演活自己，就是頂尖》與《深情》（時報出版）兩本書名當成通關密語。

他刻意轉彎攀談，但一下便詞窮，突然間靜默下來，他默不作聲，我也跟著恍神，不知如何追問？靜默數秒後，他緩緩開口訕訕提出要求，希望能得到我的親筆簽

名書。

得到？

我沒有聽錯，得到，而非想買，莫非……

他再度吞吞吐吐，說明自己是低收入者，只能賺到一頓溫飽，但有個孩子犯了錯，目前在監所服刑，喜歡閱讀，相信我的書可以幫得上忙，治癒他的狂亂心靈……他很希望孩子有機會可以閱讀我的書……但可能無法用買的，至此我大約完全明白他的意思，言下之意是無償送書，並且簽名，寫上一句鼓勵人心的佳言。

我想斷然拒絕，只因曾有一回，也是相似場景，一通電話，說自己是個想要改過遷善的更生人，閱讀我在某佛教雜誌上的文章，深受感動，希望我贊助六千六百六十六元，取其六六大順，但為何不是六十六元，我就不得而知了。與他見面，一眼便知是騙子，但仍給了一千二百元，事後後悔極了，被太太笑了大半年。

莫非又是騙局一場？

我有些狐疑，但馬上回神，有人騙書嗎？而且只要兩本，要騙也該是與上一回一樣，要取白花花的銀子吧？

龍應台先生在一九九七年時報出版《我的不安》中的一篇小故事，此刻不請自來闖進心海，記憶中好像是描述古巴見聞。

龍先生在文中述及，初見文中的那個人，靠在騎樓邊上，倒臥不起，渾身髒臭，像隻從垃圾桶中鑽出來的狗，整個人彷彿從集中營逃出來，皮包骨，瘦得不成人形，蒼蠅在其身上黏飛，本來以為這個人死了，走了過去卻發覺手指微微顫動……

龍先生二話不說，奔回旅館，買了一個三明治，一瓶礦泉水，趕忙回到騎樓……他吃著三明治，但是沒有力氣打開礦泉水瓶蓋，剛巧路過的一個女人過來幫忙，將水瓶湊近他的嘴。

……

……

俠一般的精神，鑲嵌極深，至今難忘，按理說，龍先生還有很多更動人的文章，如〈在紫藤廬與starbucks之間〉一文，或如《目送》一書等等，而我牢記的竟是這篇文章，許是對俠有著奇特的崇拜吧，從小幻想自己是俠，帶把長劍四處雲遊，行俠仗義。

這一刻，我正巧有個機會，不費吹灰之力演個儒俠，不必長劍，只要一點私房小錢，就能讓獄所中囚禁的一個人飽食一頓心靈餐點，我很快做了最美的決定。

兩本書不必鉅款，與龍先生送的三明治加礦泉水兩樣東西，顯有異曲同工之妙，他再三言謝，掛上電話，感恩的音律繞樑不散，即使窗外風雨仍大，但我的心卻是暖呼呼的，帶著一絲平靜。

幻夢嗎？

一切來得太快，我根本來不及思考，恍恍惚惚，很不真實。

我捏捏手臂，會疼，這事應該是真的。

兩本書，我提起筆在扉頁簽名題字，掛號寄出。

我應該心存感恩才對，這位父親讓我擁有一個美好的機緣，擦拭掉已生鏽、上了一道鎖的善心，重新領取一張好人卡。

那一夜，我因這事反而睡得香甜，許是太久沒做好事，再度證明自己是個好人，竟是如此快意。

有感 相知無遠近，萬里尚為鄰。——張九齡．《送韋城李少府》

賣希望的人

我一攤走過一攤，仔細端詳攤位特色，
老闆的表情，與做生意的方式，
某些販售者真像姜太公釣魚，願者上鉤，有趣極了，
散發著無為且聽天由命的人生哲學。

跳蚤市場隱身在旅店一角，清晨微光初露便已擠滿各種來路的撈寶者，我參雜其中，但志在閒情。在忙不迭的城市，找著這個趣味的角落，與一群人共享美好時光。

我一攤走過一攤，仔細端詳攤位特色，老闆的表情，與做生意的方式，某些販售者真像姜太公釣魚，願者上鉤，有趣極了，散發著無為且聽天由命的人生哲學。

街角處，轉彎的地方，有一攤位最特別，與同行相較起來有些扞格，販售的物品別有風情，屬於尼泊爾的手工器皿，神的物品吧，價格也很神，貴了一點；他主動招呼客人，我被叫喚聲吸引，停住腳步，看見仙風道骨的他，瘦瘦的身軀，長長搖曳的鬍子，微風中，左右擺晃像在盪鞦韆，格外有味道，他的衣著隨性，有股說不出的品味，笑起來，露出缺了門牙的口，模樣可愛。

事實上，我根本聽不懂他的馬來語，尤其帶著尼泊爾腔調，我依舊虔誠洗耳恭聽，這下他可起勁，一股腦搬出了私房寶，同行的友人笑翻了，形容我們簡直是雞同鴨講，這有什麼關係，開心就好，更何況友人可以翻譯。

其實不必翻譯，我也猜得出七八分，大意是，他的東西很美，很有藝術價值，統統由偏鄉收集來的古玩民藝，實屬不易得。

他隨手拿起一根竹子，看來很不起眼，成排烙空的洞，很難猜出它的真正用途，莫非是法器？或者巫師用的魔杖？果然，他很慎重的告訴我們，那是大師加持過的神竹，只要把它擺在大門入口處，就可招財進寶，而且信誓旦旦的說，如假包換，保證神力無邊。

他說得口沫橫飛，濺出一攤水，噴在我臉上，我不以為意的輕輕擦掉，他一臉尷尬，即使天物在手，他也不貪心，只想賣我們區區、少少的一百八十元，不貴？其實滿貴的。

這麼逗人的生意經，不知他唬人以後，會不會兀自大笑，這一刻，朋友湊了上來，小聲的用福建話告訴我：「騙肖吔。」

是啊，如果這麼管用，他就不用出來擺攤，置於自家門口，不就財源廣進了嗎？

仙人見我們一副興趣缺缺的樣子，彎身拿出一根木條，表明它比神竹更神，應該是神木，他說得更加天花亂墜，要我們買回去，把它放進老甕中，神奇的事情就會發生。

只是，這麼美好的說法，不知他自己信或者不信？

最後他使出殺手鐧，把老甕往前挪了一尺，拍拍它，強調我們是有緣人，只好割愛寶物，強調無論任何一樣東西，置於甕中都會出現神蹟，放了錢會得錢，放了房舍模型會得房子，放了種籽會得米……這回我再也忍俊不住，狂笑出聲，害得友人躲得遠遠的，旁邊的尋寶者一直面露疑惑的盯著我看。

我實在勇氣缺缺無力把口袋裡白花花的銀子掏出來，買他的神奇寶物，並非出不起那些錢，而是怕買回來，置於門口招財進寶，被問起這段故事，會被取笑一輩子。

最後，我們耐心聽完，找個機會，與他揮揮手，微笑離開，他也笑著繼續等待他的下一個客人，說著下一段故事。

沒多久，一朵濃得發黑的雲，快速從東方飄來，遮著晨光，頃刻間，電光石火，米粒般大雨珠，從黯黑的雲堆中滑落，尋寶者很有節奏往騎樓奔去，攤販動作敏捷的收拾物品，曲終人散，我不得不提早結束閒情，回到旅店。

我想那位仙人也許是哲學家，有如神仙下凡來賣希望的！他讓缺錢的、急要錢的、很想有錢的、很愛錢的、很貪財的，多了一個做白日夢的機會，對他自己來說，也是一種美好機會，搞不好他真能把希望賣出去，為自己添了一筆希望之財。

七天後，演講的行程結束，我重返這座車水馬龍的城市，便心若懸著迫不及待趕赴跳蚤市場，賣希望的人還在，一樣鼓著如簧之舌，彈奏希望之音，這一回我不讓希望溜走，仔仔細細搜尋攤子上的寶物，得了一只尼泊爾戒指。

那個人開懷暢笑，我猜並不是因為他賣了希望給我，而是收錢的瞬間，他突然覺得得到希望。

有感 不求名利不求榮，只麼隨緣度此生。——洞山良价禪師

公安婆婆？

莫非婆婆想把五串賣給萍水相逢的五個人，不想一個人買五串，
婆婆的確這麼想，她說她賣的是好東西，
五個人來買就有五個人可以享受美味，
一個人買，就只有一個人享受。

我用斜角三十度偷偷瞄了老人家幾眼，她相貌慈祥，嘴角一直漾著迷人的笑，根本不像公安，可是她手上提著兩個小包包，沉甸甸，確實值得懷疑。

我下了結論，她不是搞跟蹤的！

猜想是住在半山腰，下山採買準備返家。

老人家只有一處可疑，何以我們停下來，她就停下，我們開步走，她也跟著走。

老人家慢慢跟不上我們，卻又緊追不捨，直到有座歇腳的涼亭，婆婆才加足馬力跟上，氣喘如牛，呼著大氣嚷著：「你們走太快了。」

婆婆真的搞跟蹤，我們進入山區，她一路尾隨，最後漏了餡，奇怪的是，派來的並非高手，而是八十歲的老婆婆，她能幹嘛？

八十歲的特務，我可沒見過咧。

我仔細端詳，婆婆雖老，但健步如飛，腳力強勁，一點都不遜年輕人，由她來扮演特務也不為過，可是我們只想去房山縣的周口店看看北京人，順道在附近的名山勝景玩玩而已，有何好盤查的？

我們停了下來，心想嘀咕著：「好吧，讓她找碴吧！」

大氣稍解的婆婆，伸手進了背包，撈了撈。

「幹嘛？」

我心中有些不安，盯著她的動作瞧，深怕一個不小心，拔出一把槍，更怕她不小心，擦槍走火。

觀察警戒很久，婆婆慢吞吞把東西取出，當下有點啼笑皆非，原來是胡椒粉與柿子餅，根本不是竊聽器與手槍。

「買一串嗎？」

婆婆如此大費周章，氣喘如牛跟蹤我們三位年輕人，繞了半個山頭，走了一小時，上氣不接下氣，就是為了推銷她手上的兩串農產品，為什麼不早說，喊一聲不就得了。

婆婆一開口，我便明白原委，她說話的音量有如蚊子，氣若游絲，彷彿喉頭打了結。

百公尺外如此微弱的聲響，任誰也聽不清楚，還好她有腳力，否則也跟不上我們，我猜想一定有些跟不上，而錯失推銷的機會；老婆婆的活力，有如勁量電池，肯定不放過任何機會，一有旅人，她都是這麼跟著，跟上了就賣上一串，跟不上就打道回府。

堅毅、有恆、不懈、執著……一種企業家號稱的成功者特質，竟在婆婆身上看見。

「買一串嗎？」

婆婆見我與友人沒有答腔，又問了一遍，此刻我才回過神。

「多少錢？」

「一元！」

幾個柿餅、一小串花椒就值一元，想來傷感，我被婆婆問糊塗了，突然想起我從台灣來的，買了如何帶回家。

「不成呀，我從台灣來的，帶不回去。」

婆婆聽完縱聲大笑：「那成，你就送給你的北京朋友喲。」

我被婆婆一說，臉脹紅著，是呀，我怎麼沒有這麼想呢？

買了的確未必要帶回去，那只是一種心意，讓朋友陪伴的半個多小時有代價，我的慈悲添了意義，皆大歡喜。

「說得極好，就他買，送給我，對不對？」

朋友指指我，說我特有錢，一串算什麼，十串沒有問題，婆婆聽完後，這回大笑了，嘴巴張得老大，大到足以讓我看見她只剩三兩顆牙齒在撐著門面。

「我可以買五串嗎？」

婆婆並未因而開心，反而煩惱，婆婆細細瑣瑣喃喃自語著：「這麼一來，我就不能賣更多人了。」

婆婆的音量太小了，聽不太清楚，最後還是大力蹦出一句很勉強的：「好吧」，聽來特怪的，「好吧」是什麼意思，莫非她想把五串賣給萍水相逢的五個人，不想一個人買五串，如果如是，那真好玩，背後很有意義。

婆婆的確這麼想，她說她賣的是好東西，五個人來買就有五個人可以享受美味，一個人買，就只有一個人享受。

婆婆做成了生意，開心收拾包袱，坐下來，擦擦汗、乘乘涼，與我們聊起天。

「一個月可以賣幾串？」

婆婆答得乾脆：「少則七、八串，多時有二、三十串，以前跟得上賣得多，現在跟不上年輕人了，就賣少了；哈，沒有關係，賣多就吃好一點，賣少就吃差一點，反正在山裡也不必花什麼錢。」

七、八串頂多七、八元，二、三十串只有二、三十元，兩者都非大錢，怎麼過活？莫非婆婆就是顏回，人也不堪其憂，她則不改其樂，抑或她信仰知足常樂，無論多少錢，她都很開心。

「我也買三串！」

呆立左側的司機大哥，終於感動莫名從口袋中取出錢，買了三串，這一回換成婆婆為難，雙手一攤：「賣完了。」

我與友人開起司機大哥的玩笑：「下回請早。」

婆婆肯定萬萬沒有料到，我們三個人買下了她的全部家當，看來她得再下山補

貨，好心人頂多的，不準備多一點還真不夠賣咧。

我們與婆婆在涼亭分道揚鑣，婆婆帶著錢下山，步履輕快，許是返家含飴弄孫，我們往上登頂，繼續未完成的旅程，邂逅北京人，瞧瞧山頂洞人，這個交錯挺窩心的，婆婆心滿意足。

下山時，我和朋友提到，如果八塊錢可以使八十歲的婆婆高興八十天，好不好？

他用北京腔回答我：「挺好的。」

羅曼．羅蘭說：「世界上只有一條真理，那就是愛。」

看來是真的呀。

有感 老年，好比夜鶯，應有他的夜曲。——康德

酸楚的人生課

我的眼光偷偷注視他們的一舉一動，
撿荒老人大約裝滿一整部推車的收穫，
兩個人分立於手推車的一邊，相互扶持往家的方向回去，
步履蹣跚，舉足沉重，
背影溢出了些許酸楚，我竟因而感傷起來。

我住的民宿就在高坡上，一處綠意懷抱的台地，四周全是參天喬木，樹蔭遮天，樹葉隨風搖曳，發出清脆有序的迷人音律，非常好聽，離山下最近的市集約有一公里，不長不短，很適合晨運，來回一趟約莫一小時。

清晨微光中鳥兒便哼著清麗的天籟把我喚醒，一個翻身就位，梳洗一番，穿上球鞋短褲，做做暖身操，輕聲打開房門健身去；微光中，隱隱約約看見這是一條青綠道路，億萬年亙古不變的化石植物筆筒樹與流蘇的白花沿路化開，異香由山坳處緩緩飄來，醺醺然打開腦門，醉在香氣之中，慢跑野徑，更顯通體舒暢。

許是太早了，天空猶黑，只有一絲絲亮光從天邊微微吐出芽，與我擦身的只有一位老年婦女，互打招呼，便各自前往不同的方向；我一左一右踩踏，很快就到達山下，市集的攤子空蕩蕩，人潮三三兩兩，顯得一派優雅。

我把步伐緩下，用慢走調整急速跳動的呼吸，由這一條街踱步到另一條街，一面欣賞街景，一面凝神觀看一棟棟有著法式與英式風格結合的建築，猶如童話屋佇立於山的一角，巧妙與翠綠融為一體。

最吸睛的是大黃底色，夾著咖啡色線條的一棟，它是早期英國都鐸王朝時代的建築風格，非常具有夢幻的特色，我看得有些失神沉醉，就在此際，我眼尖發現，街角有兩個晃動的身影，佝僂的身體，遲緩的腳步，來回翻動立於路旁，四周泥濘，蚊蠅竄飛，聞得出來酸腐味道，塞滿髒兮兮廢物的垃圾桶，看來是在尋找值錢可以變賣的物品，與一些足以裹腹的食物。

我隱身在騎樓的樑柱，眼光偷偷注視他們的一舉一動，一人動作敏捷伸手入桶內搜尋、取出可用之物，交給另一人，置於事先準備好的小型推車，如此來回數次，一直到見底，再往下一個垃圾桶。

如此反覆多回，直到天空露出魚肚白，撿荒老人大約裝滿一整部推車的收穫，兩個人分立於手推車的一邊，相互扶持往家的方向回去，步履蹣跚，舉足沉重，背影溢出了些許酸楚，我竟因而感傷起來。

窘迫之景，讓我猜想出很多理由：

他們沒有子女，以至於這麼老了，還得風霜度日？

子女太過優秀，全在遠方，忘了年邁的父母，所以得靠拾荒養活自己？

抑或某些原因，倆老被遺棄了？

我編了一個最自欺欺人的方程式，設想倆老鐵定是閒著無事，在垃圾桶裡尋寶？這理由一聽就知是謊言，但我確確實實聽過一些老人家為了隱瞞孩子的罪過，用了這類的謊話自圓其說。

如果有孝子獎，一種無微不至孝順自己子女，讓他們免去風霜勞苦，而自己苦不堪言的獎項，他們可能會得獎吧？

晨運偶遇的風中老人，讓我靈魂出竅似，回想記憶庫中刻意遺忘的一段故事，好些年前的有一天，心理診所來了兩位一頭花髮、滿臉愁容的老人家，甫坐定，啜飲我特地為他們準備的一杯茶水，淚竟停不下來。

他們吞嚥幾口水，藏著的話便如流水一樣兀自講述，聽來他們應曾是事業忙人，奉獻一切時間，把兒女栽培長大，能讀書的全送出國，卻像斷線風箏，留下來的小兒子與他們同住，靠變賣家產維生，幾棟老屋換成一棟高級華廈，倆老卻被掃地出門落腳於城市邊陲的破舊房舍，家徒四壁，餐餐剩菜剩飯，他們並非阮囊羞澀，只是老了，體力不濟，無法自己更生，買菜作飯都難，只好用最克難的方式活著。

一個小時的面談，他們一直吐著幽長的氣，而我竟比他們還要不安、傷感，揉搓雙手，不停喝著水，用餘光偷窺眼前的老人，耳朵豎得老高，用力聆聽，陪著掛淚，這個結纏得太緊，綿密交錯，很難解得清清楚楚。

我用傾聽讓老人家發洩心中的怨，情緒得到一點點安頓，看來比先前剛進屋內時好多，最後我和他們說，如果得空，隨時歡迎。

我目送倆老微彎的身影下樓，撥了一通電話，請護理人員不必收他們的諮商費，我關上門，一個人在診療室中靜默思考，心情沉甸甸，突兀想及大同世界提及老吾老以及人之老，幼吾幼以及人之幼……老有所終，幼有所養等等詞句，莫非這些根本只是天方夜譚，親子之情終究還是得分飛？

老無所終？

誰之過？

猜想是教育吧。

我們在課程中教給孩子太多爭奪的思考，利己但不利人，讀書的目的只為了爭權奪利，掠取豪奢，成就名位，通稱為金錢主義，向錢看的結果鐵定唯利是圖。

錢這個字，左是金，右有兩把戈，殺伐之聲蹺蹺，為錢翻臉者時有所聞，國內如是，國外也是；只要有了錢，災難便隨之而來，報載紐西蘭一個男子中了樂透後，隔天過逝，家便永無寧日，幾個兒子不是集合起來思考如何替父親辦一場隆重的喪葬，而是對簿公堂，爭那一分原本不屬於他們的遺產，真是悲哀。

教育有理性與感性兩面，我們都太過理性，老盼著孩子出人頭地，贏過人家，但最真實的世界卻是感性的，人情世故，愛與關懷，照料與養護等，少了這些，與爭奪領域的動物何異？

我因為這些生活中頻頻乍見的小事，忽而覺得教育應該理性與感性兼備才是。

否則——

只教得出醫生，教不出華佗。

只是老師，非教育工作者。

的確是科學家，但對人無益。

我們希望更多的是，有愛心的陳樹菊奶奶，慈悲的阿基師……即使是小人物，都能益於社會，不止是個成就者，還能想及養育我們多年，卻已慢慢老化的父母，這些事情真的不該到了子欲養而親不在時。

才懂！

有感　夜夜夜半啼，聞者為沾襟；聲中如告訴，未盡反哺心。——白居易．《慈烏夜啼》

一日司機

他與老人的兒子過往是同事，
潛水的啟蒙老師就是老人的兒子，
颱風前一次風浪極大的潛水出了意外，最後在百浬外找著冰冷的屍首，
老人懷念兒子便在這個偏遠漁村購置三合院養老，
他定期探視，把倆老當成自己的父母一樣侍奉。

微光中的清晨，色調有些朦朧暗沉，急急如律令的電話突然狂呼猛叩，要求我權充一日無償的司機。

桐花如雪，緩緩天降，在草地上鋪展銀白的夢幻，微風徐來，一陣幽香撲鼻，真是棒透了，這是我的桐花記憶，早已準備就緒，預定用完早餐便要去賞令人微醺醉在其中的桐花雪，怎知友人的一通電話，打擾美好想望。

半推半就約在老地方見面，遠遠便望見如山的行李，大大小小的箱子，裝著內容不詳的東西；我下車扮起貨車工人，把休旅車塞得滿滿的，依照指令沿著高速公路

往海的方向行駛，地景幻化，高樓大廈漸次換妝成墨綠的山。打開天窗，山風斜斜落下，飄來草香，早到的蟬已開始鳴唱，在空谷中迴盪，右彎後白浪淘天，海的跫音依稀彷彿聽見，魚腥味混著風調和而來撲入鼻中，非常鮮明的，那是海的味道。

我們在一處標識著春光漁村的小徑左轉，直行約五百公尺，在一間三合院前停車。

「到了。」

兩位頭髮斑白的老人家，老早知曉似的，在路旁笑臉迎人指引我們停車，伸手擁抱，彷彿看見久違的孩子。

大包小包的物品，依序搬運下車，方知內容物是蔬菜、水果、油與醬油等等民生必須品，以及一些衣物。

三合院有一台超大的冰箱，容納數個月的食材不成問題，友人說，每一回抽空前來漁村，他一定把食物塞得滿滿，讓老人家不必花太多心思外出採買，漁村裡多的是魚，打魚的鄰居常常送上幾尾。

卸完貨，滿身是汗，喝上一杯老人準備、爽口極了的青草茶，活力立刻回來，我坐在門前的護岸，遠眺船影點點，野風吹拂，竟至昏昏然甜甜入夢。

不知多久才被一陣菜香擾醒，友人手藝不錯，擁有丙級廚師證照，下廚備膳，轉瞬功夫大餐便上桌，有蔥煎蛋、清蒸鱸魚、鳳梨蝦、炒地瓜葉……以及一鍋清爽的竹筍排骨湯，算是家常菜色，不油不膩非常爽口，席間快樂閒聊。

他們是什麼關係？

友人看出我的好奇，在老人入屋午睡小憩時，幽幽訴說始末，有如拼圖，輪廓漸漸清晰。

他與老人的兒子過往是同事，潛水的啟蒙老師就是老人的兒子，颱風前一次風浪極大的潛水出了意外，最後在百浬外找著冰冷的屍首，老人懷念兒子便在這個偏遠漁村購置三合院養老，他定期探視，把倆老當成自己的父母一樣侍奉。

空氣像窒息，在淒淒訴怨的故事裡凝結。

他指著前方的一座小島，告訴我就在那裡找到人的，離漁村不遠，老人就近懷念似的。

老人喪子心痛，很長一段時日，埋在哀傷之中，還好有友人探視，走出悲情，一晃七年，半個月來一趟，載來滿車的物資；他會事先分門別類寫明用途，並且當起一日廚師，準備約半個月所需的食物，置於便當盒中，排列整齊放進冰箱，方便取用。

我終於明白，早年視山如友，攀爬百岳身手矯健的他，而今缺席，理由原來是來看海會老人，棄海戀山可能是一種失落的因緣，棄山戀海又是另一種拾得的因緣，其中添得了情。

一日司機，讓我得幸參與這個回味無窮的故事，宛如一缽黃金。

有感　親善帶來幸福，文明帶來和諧。——雨果

慈悲存摺

這是我的慈悲存摺起心動念時，
一個小小的理由，我鼓勵孩子思考：
兒女慷慨解囊，捐助零用錢，留下存根貼在慈悲存摺上，
這些微不足道的錢，
讓愛心的種苗已然在兒女心中種下，正在發酵中。

在我典藏的小東西之中，最有意義的當是一本用緞帶飾著，鑲著水仙花，飄著薰衣草香，裡面貼滿紙條的小冊子，它是我們家的慈悲存摺，在每一次災難發生，添上一張美好的戳記。

這些年來，天災不斷，讓人不得不思考，我們到底犯了什麼錯？何以台灣的八八水災，土石流會從山上以迅雷不及掩耳之勢，猛的滑落，幾近滅了幾個村落；颱風狂襲，蘇花公路硬生生斷裂，幾台遊覽車被掩埋，或落入海中，至今尋不到屍骨。汶川大地震的慘重，透過電視強力送達，震撼久久不息；澳洲水患，不知捲走多少人的身

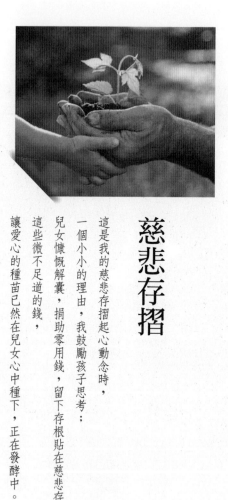

家財產；更恐怖的是規模九的大地震強襲日本，海嘯引動十公尺的巨浪，越過海堤，淹沒城市，屋毀人亡，這些有如電影《明天過後》的場景竟在現實中發生，令人大悲無言。

我非環保專家，無法對環境重塑提供理想的獻策，但我是心理醫生，知道這些受難者家屬，有些將終生被創傷症候群纏繞，更重要的是，柴米油鹽醬醋茶的問題誰來設法解決。

我們能幫什麼忙？

這是我的慈悲存摺起心動念時，一個小小的理由，我鼓勵孩子思考這個問題；兒女慷慨解囊，捐助零用錢省下來的區區幾百元台幣，我將它劃撥到紅十字協會，或者善心的宗教團體，留下存根貼在慈悲存摺上，這些微不足道的錢，也許不足以使受難者走出陰霾，但愛心的種苗已然在兒女心中種下，正在發酵中。

慈悲存摺的小冊子不止記錄孩子的善行，我也有。

有一年，黃河發生百年洪災，之後我有事出差上海，得閒拜訪豫園，亭台樓閣讓人印象深刻，幾乎已達步步是景處處妙的境界。

這座園子可有來歷，是明代四川布政使，上海人潘允端為了侍奉他的父親，在明朝嘉靖年間建造的，取豫悅老親之意，名為豫園。它從明朝嘉靖三十八年（西元一五五九年）開始興建至明神宗萬曆五年（西元一五七七年）完成，前後逾時十八年，佔地七十畝，我閒行其中，有如劉姥姥進了大觀園，目不暇給。

我閒晃進了一處廂房，遇見一群白髮蒼蒼的老人家擺攤義賣，贊助受災人，老畫家的畫，工藝精妙，每幅皆是佳品，我流連於各式畫風之中，眸光最後定格在一幅神靈活現的金絲猴身上；那是一張淡彩的水墨畫，目光隨我移動，神韻別具的凝視，我禁不住嘖嘖稱奇，此刻，老者乍現，指指畫，問我好不好看？

我直稱好，老人快意告之，那是他的畫，問我想不想買下帶回，順道做做好事，我本無此意，經他一說，騎虎難下，也就買了，老人家打折優待，皆大歡喜，當我收下畫，交出錢，準備跨出門檻時，老者快步趕到身旁，笑咪咪問我，隔年還會來否？

這一問，我可不知如何回答，反應靈敏回問：「明年黃河會繼續氾濫成災嗎？」

說畢，老人與我相視而笑。

隔年我的確排除萬難撥空前往，並且買下另一幅畫，只因義賣兩字在心中盤旋，添得感動，而黃河不止隔年氾濫，而且歲歲年年，沒有一些肝膽相照的義舉之人，恐怕有很多災民無飯可吃，流離失所。

一幅畫，一點錢其實做不了什麼事，但卻藏了一顆微熱的善心。

我善心別具的特質，其實是父親暗地裡不著痕跡教的，他讓我明白，錢可以有大用，它叫財富，如果只有小用，就是守財奴，他並非有錢的員外，缺乏傲人的財富，微薄的錢全是一分一毫累積，但卻懂得幫助比他更窮的人，出手闊綽支援窮困潦倒的鄉親。

我家在鄉下開了一間雜貨店，很像村子裡的提貨中心，沒有帶錢的人依舊可以把貨取走，那叫賒欠，欠著的錢大半年未見歸還，甚或不還，他依舊笑稱千金散盡還復來。

雜貨店得補貨，錢從哪裡來？原來父親另有一處私人銀行，這是隔壁的陳奶奶，經常厚顏向奶奶調現，補貨賣出再還錢，所幸父親信用不錯有借有還，再借不難，讓雜貨鋪子勉強撐下，他們似有若無建構一處以善為中心的循環，有趣的轉動曼妙慈悲。

父親原來才是我的慈悲存摺的起草人，他毫無保留把愛這件事傳承給我，而我也懂得知福，漸漸把對人的關心一事轉交給兒女，我猜他們會的，總有一天，年紀漸長，閱歷日豐，有了智慧之後，與我一樣明白俄國作家馬卡連柯的心中哲學：「學會愛人，才會是個幸福的人。」

有感 自有一雙無事手，為作世間慈悲人。——黃檗禪師

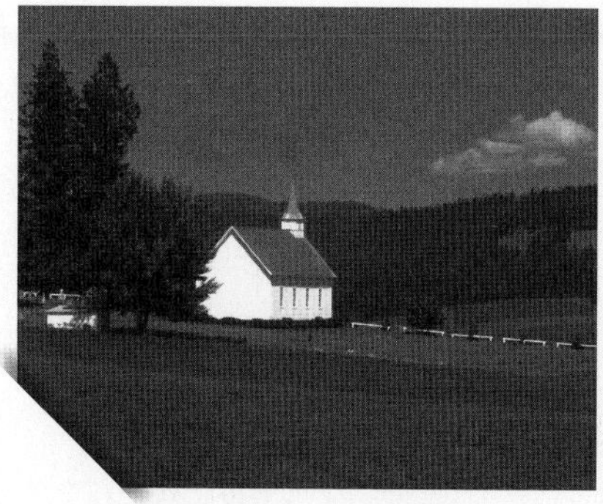

崖上的行者

有些孩子，得勞駕老皮翻過一座山，爬過懸崖高地，
臨淵深谷，拜訪懇求，才可能把一個個失學的孩子找回來。
積欠的錢，通常從老皮的薪資裡扣，
他的薪水扣不夠，就往妻子的薪資裡扣，
兩夫妻常常因而阮囊羞澀。

雲雨天開的午後，我們曼妙交錯，這件事我永生難忘。

有一年，我當起背包客，一個人飛往婆娑古城靜觀冥想，冀望韜光養晦，直上雲霄，書寫人生風華，就在城的一個角落，撞出一團火花。

那一夜，小雨如詩，綿綿細細，把大地清理一遍，葉上的灰塵一抹而淨，露出光華的綠；空氣中瀰漫著淡淡的、清香，清晨起來，眼耳鼻舌身一概清爽。

推開旅舍的房門，空氣帶著濃濃的負離子撲鼻，我一身輕裝，帶著愉悅的心情，循著終年積雪的雪山融化而降的潺潺水流，開鑿而成的環河步道前行，水流由高而

低，遠遠觀之，猶如躍動的花朵，煞是美麗，我毫無目的緩緩走著，從內城慢慢移往外城，景致也由喧囂緩緩變身幽雅，林中有一間小小的、且佈置典雅的畫室吸引我，鬻畫維生者，人稱老皮。

幽靜偏遠處竟有仙人作畫，真是妙哉，我忍不住好奇，走進老皮的店。

中年男人，許是工作的關係，或者操勞之故，清癯的面龐，刻印深深的紋路，笑起來眼睛瞇成一條線，很有特色，講話的聲音特柔，但很迷人。

他的畫很有特色，自成一格，都是農村裡的身旁人物，荷鋤的老農，盛開的曇花，鳴唱的青蛙，低語的鳥兒，山頭一間香煙裊裊、僧人梵唱的廟宇，低眉的菩薩，每一張都很有味，讓人深思。

我一面欣賞，一面喝著老皮親手泡的淡淡清茶，帶著桂花香，順口極了，話匣子因而慢慢打開；他是山上的老師，這點我倒未看出，但話中有夢，我卻聽得出來，很濃的，而且很堅定，非常執著。

大約五年了，他都利用寒暑假下山織夢，租了一間店，作畫來賣，掙得錢，籌措偏遠小學孩子的學費、伙食費，店面寒酸是迫於現實不得不的舉措，他根本付不出繁華街上的店面租金。

這些年來做出一點口碑，吸引電視與報紙採訪，增添知名度，很多人衝著他的愛心，一種感動，登門買畫，口耳相傳，一個介紹一個，生意倒也不錯。

暑假的尾聲，老皮正收拾行囊，準備隔日帶著這一、兩個月辛苦的成果上山，我恰好與他巧遇。

我們相談甚歡，毫無準備的接到邀約，問我想不想上山作客，度幾天假，我根本沒有想過會有這樣的偶遇，呆愣著，說起話來結結巴巴，老皮看出我的難處，直說沒有關係，晚上可以想一想，如果願意成行，隔天八點，畫室門口見，我微微點頭，不置可否的離開。

背包客其實不必有這麼多的顧慮，說走就走，但素昧平生，豈敢叨擾，那一夜，輾轉難眠，不知是否該去，但聽老皮形容的學校，他的想法，一個大夢……在在吸引人，我翻身入睡，卻又驚醒，想著這位曾在大城市領高薪的人，何以盡捨繁華，隻身來到人跡罕至之境，後來娶妻生子，定居下來作育英才，我當下做出決定，與他一起相伴上山。

歸鄉的路比我想像的還要艱難，沿途崎嶇，經過三、四小時的山水跋涉，老皮終於很振奮的告訴我：「快到了。」

這聲音比起咖啡因還管用，精神便抖擻，彷彿真的抵達目的地，桃花源近了；可是越過一個山丘，看見的竟是清綠幽渺的湖，我的心冷不及防涼了半截，看來似近猶遠，不過老皮給我打氣，他說真的到了，他太太的小船應該早抵岸邊，越過湖就是村落。

他太太姓李，也是老師，李老師的小舢舨的確泊好等候多時了，我上了船，很熟絡的聊了起來，我發現倆人完全是愛神的化身，心心念念的全是小孩。

李老師自稱划船高手，駕了一手好舢舨，可以快速穿行於兩岸，這是練就而來的，她負責接湖對岸的孩子，再由老皮分批送上崖上小學。

抵達彼岸後，難度卻絲毫未減，這間學校建在崖上，沒有現成的路，仰頭凝望，盡頭處雲深不知，宛如天梯的enburg陡坡，斜角六十度，令人腿軟，連我一個壯漢都得走走停停，停停走走；期間他說了幾個學校發生的有趣故事串場，減輕我的害怕，而他們卻得天天穿梭於由木頭搭建而成，二十公尺高、大約七層樓的高度，護持稚齡孩子上下，真令人擔憂。

老皮是老師，可是更似保母，還是失蹤人口的協尋者，所謂的失蹤者，指的是那些沒有錢上學的孩子。

「老師，爸爸說今年收成不好，沒錢上學。」

「沒錢也要上學。」

老皮總是目光炯炯，正視著孩子這麼說，摸摸孩子的頭：「欠著吧，等有錢再還」，隔天孩子又來上學。

有些孩子，得勞駕老皮翻過一座山，爬過懸崖高地，臨淵深谷，拜訪懇求，才可能把一個個失學的孩子找回來。

積欠的錢，通常從老皮的薪資裡扣，他的薪水扣不夠，就往妻子的薪資裡扣，兩夫妻常常因而阮囊羞澀。

李老師的功德不亞於丈夫，她是一位樸實的中年人，滿臉風霜，皮膚黝黑，心中有愛；他們在山中任教時認識，理念相同，觀念一致，愛心無分軒輊，順理成章結成連理，一起守護山林裡的小孩。老皮下山賣畫，李老師就在山中守著學校，種些五穀雜糧販售謀生，配合得天衣無縫。

學校幾度差點被廢，是他們極力爭取，聲嘶力竭救回，被迫簽下一紙保證書，允諾會在這間學校教書，直到終老；他們為了這些窮困的農人放心讓孩子讀書，盡可能減輕負擔，付得出來的錢夫妻全包了，至於付不出來的，只好自行籌措，包括下山賣畫，結識士紳……他們彷彿愛的推銷員。

費了九牛二虎之力，終於登頂成功，我早已氣喘吁吁，說不上話，只顧著喝水解渴；晚餐很簡便，卻很有味道，我們升起篝火，把番薯放進火堆，鐵架上擺著醃過的肉，我們邊烤邊聊。

在這之前，雨剛落過，滿地泥濘，學校是茅草蓋的，雨珠緩緩滑下，窗戶破損，即使盛夏，晚上的風依舊陰涼，遇上冷冽的冬，颼颼寒氣魚貫刺骨滑入，全身必定打起哆嗦；桌椅很舊，坐起來發出咿咿呀呀的怪聲，可是都影響不了上課的熱情。

我仰起頭，凝望閃爍的星海，拉長耳朵聽他們談著一個又一個蟄伏於心的夢。

我很好奇，何以非他們不可？

老皮夫妻答得淡然，就是播種吧，種籽總要有人撒的，只是恰巧是他們。知識撒了下去，如同種籽入地，只能耐心等待萌芽，他們毫無疑慮堅信知識裡有力量，而這力量是無窮的，他們很自豪的說，第一批上大學的孩子，馬上就會回來接他們的衣缽，延續知識的香火。

我清楚記得，那一年，我二十四歲，懵懂無知，他四十二歲，彷彿開示的智者，我去自助旅行，他在山中教書，人生交錯，他替我提早上了一堂人生課，種下了一粒善的種籽。

幾天後，我告辭離開崖上小學，我明白該做什麼；行前，我偷偷在枕上留下身上僅剩的一百元美金，這趟旅程，因為這筆錢的捐出被迫結束，可是我卻滿心歡喜。

這些年來，我們斷斷續續還有聯絡，知道他們很好、學校很好、孩子更好，善的力量已經滙聚，他還說我留下來的一百美金是活水源頭，引來八方的愛，彷彿種樹行林的行者。

有感 有心就有福，有願就有力。——《靜思語》

便當天使

花校長鼻頭一酸，禁不住悲從中來，
原來這些白天在一起兵來將擋的棋友，竟是笑中藏苦的。
陰霾的花校長，從此一掃憂鬱，原來自己這麼幸福。

花校長變身便當天使，連自己都始料未及。

這個故事說來話長，深刻且寓意深長，值得在初春乍暖還寒的午後，泡上一壺熱茶，醉在包種茶的香氣溢流，方可一言道盡。

花校長退休約莫一年，剛退休可不習慣，早晨醒來一身筆挺，不由自主走往學校，與小朋友打招呼，索性當起義工，導護孩子的交通安全，但畢竟曾是校長，孩子仍習慣這樣喊他；這下好玩了，兩個校長，一左一右站著，他心頭老覺得怪，對新校長不好意思，有點像干政，也就慢慢自動回家吃自己。

忙慣的花校長，空閒下來竟然慌了，缺乏鬥志，天天悶著，提不起幹勁，滿臉愁容，動不動就生氣，全家陷在低氣壓。

兒媳孝順，想出妙法，天天準備一分簽呈，煞有其事上奏等候批示。

「爸爸，今天的菜單，你看行嗎？」

兒子上班出門前會把擬妥的菜單呈上，粉紅透白加上藍邊的便條紙，清楚分明的寫著：絞肉一斤，醬油一瓶，菜三把，鹽一罐……左下角留下一行空白等候批示，花校長雖然覺得可笑，卻很慎重其事簽字：「如擬」、「照辦」、「准」，嘴角不經意偷偷閃過一抹淺笑。

「今晚有約，請假到八點。」

兒子的花格細紋假條平整躺在餐桌上，花校長用完餐後，戴上老花眼鏡，用那支專用的粗體黑墨筆，慎重其事寫下：「可」，凡事必奏的方式，做得太過火了，花校長有些厭煩，偶爾會不分青紅皂白罵人：「你們把我當病人呀，我只是一時半刻不習慣當家長而已。」

花校長不是病人，但是退休以後，很像怪人，成天陰陽怪氣，家人懼他三分，退休症候群明顯。

出於一片孝心，兒女們依舊耐著性子，天天梅花肉一斤，魚三尾，蘿蔔一顆，芹菜一把，菠菜三束，雞腿兩隻……擬奏上摺，有一天，他毫無預警大怒，啪的一聲往桌上一拍，將紙條撕得粉碎，起身走人。

那一天，寒流來襲，白髮如雪的花校長，失魂落魄躅躅走在街頭，頭壓得低低的，嘴巴碎碎叨念：「把我當什麼人？精神病？還是老年痴呆，簽呈，批批批，批個鬼啦，難道我已不中用了……」

老校長想到吃飽等死一語，心情更加惡劣，料峭冷風，吹得他愁上加愁。

花校長家鄰近有一小小的春天公園，臨河而建，美侖美奐的青綠之地，大約有一畝大，興建有年，處處都有高大喬木，樹蔭遮天，即使是艷陽天坐在樹下依舊有些陰涼，它可是一群老人家聚會的好去處。

老人們除了下棋之外，也會無償整理花木，有了他們的耕耘，公園的枯木竟也逢春扶疏，花兒爭奇鬥妍；在此下棋，是人間享受，微風輕拂，鳥兒啁啾，春蛙吟唱，煩憂滌盡。

花校長很久沒去公園散心，那一天，他把手靠在背後，沒勁的繞著公園走著，八角涼亭裡笑聲震天的對弈老人吸引他停下腳步，聚精會神看著棋盤上的車去馬回，將軍抽炮，遇上難分軒輊的戰役，眼睛緊盯，看似緊張。

白髮長袍老人，下錯一著棋，戰況急轉直下，拐腳馬斜切，將軍抽俥，可惜露出破綻，反被將了一軍；灰髮的風衣老者順勢移動埋伏的俥，直線加速，鐵騎踩踏，花校長一時心急，伸出手來，差點喊出：且慢。說時遲那時快，另一隻手快如閃電拍下，清脆的聲響嚇了眾人一跳，他本能把手抽回，抬頭凝望，那個人叫小白，淺笑細語：「觀棋不語真君子，心動不要行動。」

花校長歉然，回以淡笑，他的確太入戲了，忘了自己只是棋外人，不是棋中人。

從此，花校長天天報到，帶上便當，坐一整天，觀棋不語，直到棋終人散，沒多久他便手癢，下海隔著楚河漢界對弈；花校長很健談，很快就與小白熟稔，成了莫逆，慢慢了解，他曾經是位校長，退休後失去生活重心，苦惱一段日子，經常與小白相約去附近的春天麵攤小酌清談，點一碗滷肉飯，二碟小菜，一盤豬肝連，一盤燙青菜，花校長問道：「老人家們為何不吃午餐？」

小白支吾其辭，花校長也就不再追問，隔天下完最級一手棋，小白連招呼也不打，一躍而起，回去位於行水區的溪流部落。花校長虛掩而至，發現房子是用茅草隨意搭建，小白背對著，從包包取出下午吃剩的饅頭，當成晚餐。

花校長鼻頭一酸，禁不住悲從中來，原來這些白天在一起乒來將擋的棋友，竟是笑中藏苦的。

陰霾的花校長，從此一掃憂鬱，原來自己這麼幸福，擁有舒適的家，孝順的子女，不錯的待遇，優渥的退休金，每個月有五萬多元白花花的銀子可以用，比起這些靠下棋止餓的老人家，不知幸福多少倍，居然心生不滿，經常生悶氣，依他目前的開銷來看，這一筆錢花上五十年無虞，卻比有一餐沒一頓的人還不快活。

那一晚，花校長決心做一件事，替十位棋友訂便當，言明分量加大，菜肉齊全，色香味兼備，準時在十二點送到涼亭，老闆聽是善行也跟著加碼，大方附贈一鍋飯。

「誰送的？」

老人家七嘴八舌認定是天使給的，天上掉下的禮物，花校長裝蒜，卻暗自竊喜，老人們許是餓昏，久未享受過如此美食，竟不顧形象的大吃起來。

天使？

花校長樂得很，原來一天幾百塊錢就可化身天使，教一群老人家開心得不得了，真是奇蹟。

便當契約很快到期，老闆送完最後一趟，問花校長是否續訂？

公園中下棋的老人家耳尖，全聽見了，赫然驚覺天使原是花校長。

原來錢也可以變成愛，渺小彷彿巨大，隔天，春天和煦陽光迫不及待從窗櫺射入，他翻身起床，決定無限期續訂天使便當。

有感 兄弟可能不是朋友，但朋友常常如兄弟。——富蘭克林

壹的魔法

壹寶盒在他眼中其實就是一只「善念的盒子」，
他把買東西找零的錢，隨手放置其中，
不知多久，想起來便取出清理，
就近到郵局劃撥，隨緣寄給弱勢團體。

老張是個富裕的窮人，奇人一個。

我們算忘年之交，喜歡結伴偷閒遠離紅塵，遁世幽幽化境，把人埋進寒潭，攝氏只有十八度的冷冽水中。

森林外豔陽當空，溫度少說也有三十七度，他熱愛潺潺水聲，如曼波中的魚，在溪中躍動。

玩累了，找一塊岩石盤腿而坐，促膝長談，山鳥鳴唱，草蟲唧唧，水聲淙淙，一次次、一回回，我漸次由外到裡明白眼前這位乍似大剌剌的人，心思其實細膩，尤其他的人生哲學。

幸福者是有能力賺錢的人，最幸福的是有能力花錢的人，把賺來的錢留一些給賺不到錢的人使用，叫慈悲的人。

老張的哲學，觀點特殊，令我眼睛一亮，一時半刻還理不出來如何對答，隨相處時間日增，慢慢理解，錢是他眼中的身外之物，在得與用之間舉棋擺譜，把錢化約成百分之百的價值，而非只是一種價格。

保全那有什麼錢？

老張沒有恆產，錢不多，但加總起來他最富。

月薪三萬多元吧，孤家寡人，吃喝玩樂一個月，還能省下一萬元。

老張的家在一處依山而建的國宅，有一年跨年夜，大夥嚷著要陪他過，他開心買了一些零嘴，煞有其事準備跨年夜，我提早一個多小時抵達，第一次踏進他的家門，的確是神仙小窩，溼氣重，有些霉味；陽台上種的樹大到足以遮陽，角落有一個小小的神龕，一個不起眼的小盒子落在邊緣，他用非常工整的書法，一勾一劃，帶著神采，寫出三個斗大鎏金的字——壹寶盒。

據說他是練過書法的，怪不得蒼勁有力，很有精神。

壹寶盒？

我指著神龕下方的盒子問：「吔，那是什麼？」

他神祕帶笑，沒有作聲，這就更詭異，難不成裡頭藏了什麼不可告人的祕密，否則幹嘛這般古怪；可是老張那領有好人卡的臉，怎麼也不可能做見不得人的勾當。

我想起來了，動作巨星李連杰的壹基金會，莫非意義一樣？溯溪後、回家前，他會要求我們在事先準備袋中放一塊錢，不多不少就只要一塊錢，莫非兩個壹是一樣的道理，壹就是一塊錢？

老張終於承認，壹寶盒的確取自李連杰有個巧思，他想見證一塊錢的力量，一是少的，但很多一就是多的，一沒有什麼力量，很多一加在一起絕對有力量扭乾轉坤。

壹寶盒在他眼中其實就是一只「善念的盒子」，他把買東西找零的錢，隨手放置其中，不知多久，想起來便取出清理，就近到郵局劃撥，隨緣寄給弱勢團體。

眼前這個人是否來自外星球，不食人間煙火，別人老把錢往裡塞，而他竟視之如糞土，往外布施。

積少成多，最多盤點出一萬多元，連他自己都好驚訝。

老張心目中的錢可能是代幣，換取快樂、美好、善心、慈悲，錢不止是錢吧。

法施一事在老張眼中是知識分子的事，知識的確有力量，但是窮人需要財施，因為金錢也有力量。

小時候老張家徒四壁，拾荒的外婆含辛茹苦把五個孫子養大，他們有過五十元六個人要吃的困境，明白窮人的難處，窮人最識窮人苦，由他來解最合宜；我大約明白老張的想法，原來風花雪月，看似老頑童的他，心思細密，埋著深沉大愛，有如達摩祖師，是面壁得來的哲思。

溪中的老張是水中蛟龍，但上了地，他則是哲學家，在世菩薩，身上飄著香韻醇美的氛圍。

那一天，我站在他家的窗口，正對著一〇一的位置，倒數計時，邁入新的紀元，手上的零食沒有停過，一粒粒花生往嘴裡塞，只是我心知肚明，此刻的我並非單純的來跨年，而是來開悟的，因而有了啟思。

之後，在家的一角，擺放檀香的地方，多了一只鎏金的盒子，名字也叫壹寶盒。

有感 手心向下是助人，手心向上是求人，助人真快樂，求人真痛苦。——《靜思語》

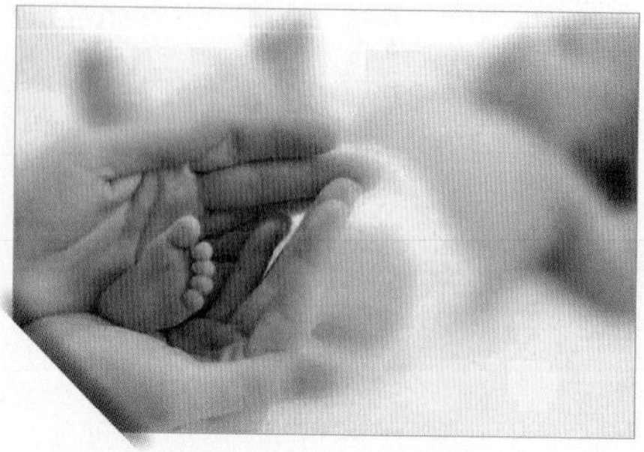

護生

「真的生下來？」她堅定點點頭。
「醫生說有一點風險，不怕嗎？」阿美還是堅定點頭。
「萬一不慎，沒了生命，不怕？」
這一回，阿美把頭搖得很厲害，彷彿想證明什麼。

憂喜參半，發生在同一個人身上，令人揪心。

阿美懷孕當是喜事，可是一樁傷心事卻緊跟在後，悄悄襲來，這個故事必須從頭說起。

結婚五年，一直盼望的孩子終於來報到，當是喜，但是同一時間，卻檢查出來罹癌的事實，則是憂。

這是天大的喜事，一直很愛小孩的她終於可以擁有自己的孩子，懷孕對罹患罕見疾病的阿美來說，有些風險；醫生再三叮囑，千萬別跟自己過不去，一旦懷孕，會有致命的危機，但她還是不聽話的懷了小孩。

「我有了！」

它本該是一句驚嘆號。

一度不相信的阿美，說成問號。

「真的有了？」

我彷彿聽見噩耗，再三確認。

「是啊，真的有了。」

這一回，她終於確認，語調裡透出新鶯出谷般的歡樂，吱吱喳喳叫著。

我與阿美是死黨，多年好友，無話不說，也深切明白她的懷孕風險，我曾義正嚴詞告訴她老公小陳，千萬不可以讓阿美懷孕；但阿美就是做不到，從她告訴我懷孕的那天開始，我的生活裡平白添了不祥的預兆。

「真的生下來？」

她堅定點點頭。

「醫生說有一點風險，不怕嗎？」

阿美還是堅定點頭。

「萬一不慎，沒了生命，不怕？」

這一回，阿美把頭搖得很厲害，彷彿想證明什麼，告訴我不怕就是不怕似的。

這麼一來，我還有什麼話好講，只好認了，陪她走一段辛苦的十月懷胎之旅。

她的肚子隨著時間，愈來愈大，人長得愈來愈好笑，小小的、圓圓的、鈍鈍的，像顆球，哦，不！是隻企鵝。

她指著微凸的小腹說：「像什麼？」

我看來什麼也不像，大約似棒球吧。

她的肚子就從棒球開始，我們聊起王建民，說他的滑球投得多好，不遜指叉球，她顯然不看電視的，頻頻問道，那是指叉球？

我故意逗他：「那叫蝴蝶球。」

她彷彿憶起什麼，大笑出聲，她說想起來了，其實應該是變速球呀，哎，太可笑，我們兩個對棒球一竅不通的蠢蛋，竟因她的肚子像棒球而聊起了王建民，而且說得頭頭是道。

「像什麼？」

隔了兩個月，我再度陪阿美去做產檢，她又問起同樣的問題，我左看右瞧，大約像……足球了。

「足球？」

「對啊，足球，你最喜歡那一位足球明星？」

我不假思索就想起了馬拉杜那，那位阿根廷的球星，用他的上帝之手奪得世界盃冠軍。

馬拉杜那？

阿美笑得前翻後仰，說我活在前朝、未知的國度與歷史裡頭，她說馬拉杜那早退休了，不踢球了。

坐在隔壁，一位懷胎九月的太太，可能聽不下去，笑岔了氣，噗哧一聲噴了口水便走開，我想她是受不了兩個三八，胡言亂語，牛頭不對馬嘴，怕壞了胎教。

阿美肚子隆得很快，最近一次產檢，尚未開口，我便明白她想說什麼：「像啥？」

我們異口同聲說：像籃球，真的很大，挺嚇人，走起路來已經一跛一跛，看得出壓力，但爽朗的她，依舊談笑風生。

籃球？

我們共同認識的籃球明星是麥可．喬丹，這回肯定不會搞錯了，他可是籃球之神，空中飛人，可以從罰球線飛身灌籃，這一回，我們可講得口沫橫飛，因為我以前打過籃球，有兩把刷子。

可是阿美還是以為他是過去的人，問著：「當今籃球球星你喜歡哪一位？」我被突然一問，呆了，到底哪一位？

嗯，我想起來了，布萊德彼特，對的，是他。

阿美沒笑，贊成我的講法，說他是湖人隊的當家前鋒，得分之鑰，球打得好，可惜太獨了，否則湖人隊有機會拿總冠軍。

布萊德彼特？

哦，應該不是吧，可能是寇比．布萊恩。

反正名字很像，便將錯就錯了。

這一次產檢之後，醫生皺著眉頭，偷偷把我喚到內診室，親口告訴我，胎兒的胎位不正，可能會難產，大大增加了風險，問我可不可以勸勸阿美，拿掉孩子？

頃刻間，猶如晴天霹靂，五雷轟頂，從雲端跌下，我簡直昏了，難道阿美的懷孕之旅，就此畫上休止符。

阿美怎麼辦？

她對這一次的懷孕寄望甚深，一再強調，就這一次，把他生下來，就聽我們的，不懷第二胎了。

那一天，有點冷，鋒面來襲，伴著雨，有些刺骨，我與阿美走出醫院，低頭沉思；不知如何啟齒說明醫生的交待，我吞吞吐吐、結結巴巴，就是說不清楚，情急之下脫口說出：「別生了好不好？」

阿美丈二金剛，摸不著頭緒：「別生了？」

「對，醫生說，這一次風險太大，超過百分之五十，別生了好不好？」

我的語氣有點歌仔戲的哭調，帶點懇求。

她語氣堅定告訴我，姑奶奶，沒有問題，孩子生得下來。

隔天，我便把阿美的決定告訴醫生，他心神不寧答稱這樣不好，至於如何不好就沒說，最後長嘆了一口氣：「如果她很堅持，就先住進醫院吧，我們搏搏看。」

聽醫生這麼說，彷彿很嚴重，為什麼不阻止？我猜錯了，醫生早用盡了方法，包括找了小陳、小陳的媽媽，最後才請我出馬，全沒效。

隨著臨盆的日子迫近，我的心慢慢被喜悅取代，阿美還開著玩笑對我說：「我就說不會有事的呀，我壯得像頭牛。」

提前一個月住院，她可沒閒著，除了安撫肚子裡的小嬰兒，還重拾畫筆，畫了幾十幅天倫樂；阿美的手極巧，託我去手工藝店買了些編織的線，織了手鏈、手環，有一天，我去看她：「送你。」

那是一個精美的手環：「那是貝比的，我不要，我又不是你的貝比？」

「吃醋了喲？」

她的母愛的確會令人吃醋，成天沒一點空，忙著替未來的小孩添點行頭，有時候連我去看她，都跟二楞子似，呆站一小時，等她忙完再跟我說話。

她的舉止讓我開始有點懷疑，莫非她明白什麼，知道什麼，怕時間不夠多，否則幹嘛這麼忙？

孩子生下來，有的是時間，非急於一時不可嗎？

一語成讖，她的確有些預感，發現身體撐不住，人很不舒服，恐怕這一次生孩子的風險比醫生說的還大；但她仍然堅持，並且做了最壞的打算，希望幫孩子留點什麼，忙了起來。

預產期的前一周，小陳天天哭，但我不能哭，必須強顏歡笑，陪阿美度過難關。

這個畫面挺怪異，該哭的不哭，還笑著，不該哭的大哭，而且哭得淒厲。

臨盆時了，母子均危，阿美用僅有的力氣，迴光返照似醒了一下，睜開眼睛，拜託醫生救救小孩。

醫生眼眶泛紅，宣布阿美的死訊，魂歸西天。

同一時間，孩子來到人世。

（這則故事是早年我在醫院服務時，聽護理長梨花帶淚說的，便於讀者閱讀，我用第一人稱書寫。）

有感 矛盾的世界啊／不論初見或永別，我總是對妳以大哭，哭世界始於妳一笑，而幸福終於妳閉目。——余光中．《矛盾世界．母難日三題之二》

作家作品集68

天倫——教孩子閱讀父母身影

作　者—游乾桂
主　編—高雷娜
責任編輯—楊佩穎
美術設計—葉鈺貞工作室
執行企劃—林貞嫻
校　對—游乾桂、楊佩穎、林巧涵

董事長—趙政岷
出版者—時報文化出版企業股份有限公司
10803台北市和平西路三段二四〇號四樓
發行專線—（〇二）二三〇六—六八四二
讀者服務專線—〇八〇〇—二三一—七〇五・（〇二）二三〇四—七一〇三
讀者服務傳真—（〇二）二三〇四—六八五八
郵撥—一九三四四七二四時報出版公司
信箱—10899台北華江橋郵局第99信箱
時報悅讀網—http://www.readingtimes.com.tw
電子郵件信箱—ctliving@readingtimes.com.tw
第一編輯部臉書—http://www.facebook.com/readingtimes.1
法律顧問—理律法務事務所　陳長文律師、李念祖律師
印　刷—和楹彩色印刷有限公司
初版一刷—二〇一二年九月二十八日
初版五刷—二〇二〇年二月十四日
定　價—二六〇元

時報文化出版公司成立於一九七五年，
並於一九九九年股票上櫃公開發行，於二〇〇八年脫離中時集團非屬旺中，
以「尊重智慧與創意的文化事業」為信念。

天倫：教孩子閱讀父母身影/ 游乾桂著. -- 初版. --
臺北市：時報文化, 2012.09
面；　公分. --（作家作品集；68）

ISBN 978-957-13-5656-3（平裝）

1.親職教育 2.通俗作品

528.2　　　101018146

ISNB：978-957-13-56-56-3
Printed in Taiwan